大学生创业 36忌

杨粟裕 刘殿权 主编

中国科学技术出版社
·北京·

图书在版编目（CIP）数据

大学生创业36忌 / 杨粟裕，刘殿权主编．—北京：中国科学技术出版社，2016.7

ISBN 978-7-5046-7189-9

Ⅰ．①大… Ⅱ．①杨… ②刘… Ⅲ．①大学生-职业选择-研究 Ⅳ．① G647.38

中国版本图书馆 CIP 数据核字（2016）第 162299 号

策划编辑	王晓义
责任编辑	王晓义
责任校对	杨京华
责任印制	徐　飞

出　　版	中国科学技术出版社
发　　行	科学普及出版社发行部
地　　址	北京市海淀区中关村南大街 16 号
邮　　编	100081
发行电话	010-62173865
传　　真	010-62179148
投稿电话	010-62103347
网　　址	http://www.cspbooks.com.cn

开　　本	720mm×1000mm　1/16
字　　数	110 千字
印　　张	7.25
版　　次	2016 年 9 月第 1 版
印　　次	2016 年 9 月第 1 次印刷
印　　刷	北京正道印刷厂

书　　号	ISBN 978-7-5046-7189-9/G·723
定　　价	19.80 元

（凡购买本社图书，如有缺页、倒页、脱页者，本社发行部负责调换）

前　言

　　随着各个大学扩招，毕业生数量也随之迅速增加，而社会就业需求基本上保持在扩招前的水平，并且用人单位大多希望招聘有几年工作经验的成手，这些因素导致毕业生就业压力越来越大。

　　面对这种形势，大学生选择自主创业既可以为自己寻找出路，又能够为社会减轻就业压力。当前，想要开始自主创业的大学生大有人在，大学生们的创业意识越来越明显，不再依赖家长、学校，而是主动发现、寻找机遇。然而，创业艰辛，也需要一些创业的经验。

　　而有关大学生创业书籍是较好的借鉴。本书通过总结企业中容易出现的问题以及应当注意的忌讳，为大学生创业者提供一些经验借鉴。

　　大学生往往对未来充满希望，他们有着年轻的血液、蓬勃的朝气以及"初生牛犊不怕虎"的精神。由于大学生社会经验不足，常常盲目乐观，没有充足的心理准备。对于创业中的挫折和失败，许多创业者感到十分痛苦、茫然，甚至沮丧消沉。

　　急于求成、缺乏市场意识及商业管理经验，是影响大学生成功创业的重要因素。学生们虽然掌握了一定的书本知识，但终究缺乏必要的实践能力和经营管理经验。此外，由于大学生对市场营销等缺乏足够的认识，很难一下子胜任企业经理人的角色。

　　大学生对创业的理解大多还停留在仅有一个美妙想法与概念上。在大学生提交的相当一部分创业计划书中，许多人还试图用一个自认为很新奇的创意来吸引投资。这样的事以前在国外确实有过，但在今天这已经是几乎不可能的了。

　　大学生的市场观念较为淡薄。不少大学生很乐于向投资人大谈自己的技术如何领先与独特，却很少涉及这些技术或产品究竟会有多大的市场空间。就算谈到市场的话题，他们也多半只会计划花钱做做广告而已，而对于诸如目标市场定位与营销手段组合这些重要方面，则全然没有概念。

《大学生创业36忌》一书通过案例与说明，以培养学生创业能力为核心，以工作任务分析为基础，以自主创业为主题，向学生传授自主创业的显性知识与默会知识、必备知识与拓展知识、理论知识与实践知识。对毕业生的创业过程进行系统指导，突出实用性、针对性和可操作性。全书内容在启发创业意识、解读创业内涵、评估创业风险、组建创业团队等项目，引导在校大学生增强创业意识，把握创业机会，提升创业能力。

目 录
CONTENTS

一、筹备篇 …………………………………… **001**
  1. 忌"朝令夕改" ………………………………… 003
  2. 忌"雾里看花" ………………………………… 005
  3. 忌"一人独断" ………………………………… 007
  4. 忌"经验不足" ………………………………… 010
  5. 忌"项目不准" ………………………………… 012
  6. 忌"好高骛远" ………………………………… 015

二、团队篇 …………………………………… **019**
  1. 忌合伙人不靠谱 ……………………………… 021
  2. 忌各自为政 …………………………………… 023
  3. 忌拉帮结派 …………………………………… 026
  4. 忌规章不明确 ………………………………… 028
  5. 忌无专业人士 ………………………………… 031
  6. 忌唯我独尊 …………………………………… 033

三、财务篇 …………………………………… **037**
  1. 忌财务规划不清 ……………………………… 039
  2. 忌资金不足 …………………………………… 041
  3. 忌财务管理混乱 ……………………………… 044
  4. 忌股权不明 …………………………………… 046
  5. 忌薪酬分配不合理 …………………………… 049
  6. 忌财务管理不专业 …………………………… 051

四、管理篇 ········· **055**

1. 忌"制度严酷" ········· 057
2. 忌"任人唯亲" ········· 059
3. 忌"事必躬亲" ········· 061
4. 忌"事不关己" ········· 063
5. 忌"过度猜忌" ········· 066
6. 忌"眼高手低" ········· 069

五、运营篇 ········· **073**

1. 忌贪多经营 ········· 075
2. 忌以卵击石 ········· 077
3. 忌蹚水过河 ········· 079
4. 忌决策武断 ········· 082
5. 忌急功近利 ········· 084
6. 忌好大喜功 ········· 086

六、融资篇 ········· **089**

1. 忌高息融资 ········· 091
2. 忌融资饥不择食 ········· 094
3. 忌融资渠道单一 ········· 097
4. 忌融资股权分配不均 ········· 099
5. 忌融资账目不清 ········· 102
6. 忌融资冲动盲目 ········· 104

一、筹备篇

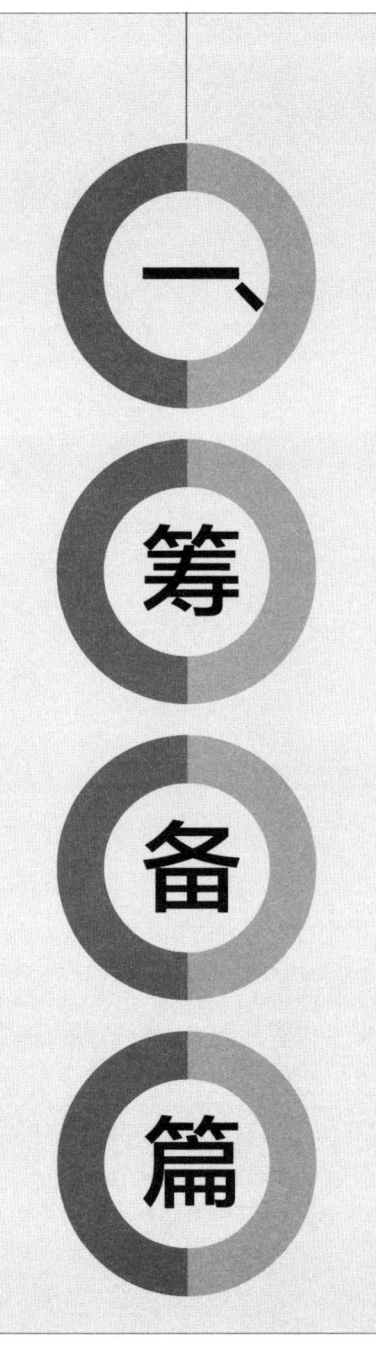

1.忌"朝令夕改"

深圳华为公司老板任正非有个非常著名的理论：在引进新管理体系时，要先僵化，后优化，再固化。在公司内部的一次讲话上，他曾这样说过：5年之内不允许你们进行幼稚创新，顾问们说什么，用什么方法，即使认为他不合理，也不允许你们动。5年以后，把人家的系统用好了，我可以授权你们进行最局部的改动。至于进行结构性改动，那是10年之后的事。正是因为这种对制度的尊重和始终如一的贯彻，才创造了华为的春天。也就是说，企业的制度需要强有力地贯彻下去，不要说变就变，说改就改。切忌"朝令夕改"。

朝令夕改，说的是早晨发布的命令，晚上就改了。比喻经常改变主张和办法，一会儿一个样儿。《汉书·食货志上》："急政暴虐，赋敛不时，朝令而暮改。"

一个企业的创立，一定要有个严格的制度，制度对经济的发展与效率的提升，意义非常，在诺思的《西方世界的兴起》中提到，西方经济之所以发展迅速，主要就得益于制度的变迁。严谨的制度是企业创立不可或缺的重要因素。

制度对一个企业来说，是成文的规则，是企业的个性标签，也是经营者的不同"打法"。制度不仅用来规范企业中人的行为，也用来划出一个合理的受约束圈。一个企业领导要想创建好企业，信誉是首位。一个企业领导的言行对员工有着很大的影响。领导的朝令夕改会让员工摸不着头脑，无法安心工作，这样的企业是没有发展也没有信誉可言的，也缺少企业凝聚力，员工的心如一盘散沙。工作没干劲，觉得没有前途，就会跳槽另谋高就。

一个企业最重要的就是树立员工的积极性，让其潜力得到很好的发挥，提高一个人积极性很难，但是打消他的积极性却很简单。企业领导的一言一行都会深深影响到他们。很多企业，尤其是小型企业，正是因为规模小，所以任何风吹草动都会让员工不安，他们爱看老板脸色行事，也喜欢揣摩心思，老板的任何一项决策都会让他们忐忑难安。身为企业员工，他们更需要的是良好的工作环境，完善的企业制度，说话算数的领导者，朝令夕改的企业会令他们觉得没有根基，走不长远。

造成朝令夕改的原因有很多，这里做一一说明。

首先，管理者出台的管理制度不严谨，企业内部责权不分，管理流程混乱，文件满天飞。企业创建在没有理顺管理制度上下功夫，就开始随波逐流，今天听到什么新的办法，马上就开始推行，明天又听到另一种可行，就马上又换了，整个企业朝令夕改，改成了四不像。

其次，企业根本没有明晰的发展目标。在设置企业发展方向与产品时，企业领导喜欢用自己的主观去判断。今天想做这个产品，明天想做那个产品，没有经过深思熟虑就断然做出判断，这样的决策是摇摆不定的，就难免有被推翻的那一天。企业领导一旦出现这种状况，就是一件非常可怕的事情了。

再次，就是企业内部领导与员工缺乏信任合作。平日里就关系紧张，等到做了决定时，大家不配合，迫使领导改变策略，这也是一种朝令夕改。

最后，企业领导自身性格原因导致朝令夕改。有的企业领导遇事就优柔寡断，做了决断还不自信，一而再，再而三地推翻权衡，这样的决策性重复与改变，必然有损企业的发展。还有一种类型的领导是另一种极端，做事武断，没等想好，就快速地下发了指令，结果，几秒钟，或者一段时间过去，他又后悔了。

有一种企业领导把朝令夕改当成一种习惯。这种人的人生字典里压根就没有说话算数的概念，信用与他们扯不上半点关系。情绪指挥着他的企业。高兴的时候下了指令，不高兴的时候就忘了自己的决定。这样的领导者无法让人信赖，他的企业更是没有信誉可言。

美国著名管理学家吉姆·柯林斯曾经从400多位声名显赫的美国企业巨头中评选出了美国有史以来最伟大的10位首席执行官。令人意外的是，上榜的10位企业家有人当初根本就没想到自己是当首席执行官的料。柯林斯指出，这十大首席执行官的伟大之处在于：他们建立了在自己卸任之后，公司依然能够长久兴旺发达的企业机制；他们专心致志地构建一种大而持久的制度，并不刻意成为伟大的领袖；他们奠定了企业长盛不衰的基础，使企业能够持续发展。

我们在创业过程中，如何才能避免这种朝令夕改呢？

首先，我们要从实际出发，根据企业自身特点，寻求最适合企业发展的管理方法，逐渐建立各项管理体系。不要一蹴而就，规章制度从基本设立，缺什么补什么，对这个企业来说，只有适合的才是最好的。仓促而就的制度必然会有缺陷，难免要改变。

其次，企业领导者要知道，决策并非只是自己的一句话，必须由部门上下讨论，或者是领导层共同商讨后做决定，多听八方意见，才能准确把握短期目标与发展动态，这样做出的决策才是可信服的，不可能轻易更改的。

企业内部领导者与下属之间的沟通与信任是关键，定期的沟通与交流，对任何事件都能交换意见，只有这样，才能使任何决策的宣布都不会显得随意且突兀，避免造成与下属间的信心危机与认知冲击。

最后，让一个企业领导者从性格上改变朝令夕改是很难的，必须有所规划地进行有目的的训练，才能逐渐转变。身为一个企业领导者一定要从自身出发，经过深思熟虑后再做出决定，只有这样才能给企业带来生机与发展，员工才会有干劲。

2.忌"雾里看花"

普华教育集团创始人杨粟裕曾说，当代的创业机会在增多，不过，当下的青年创业者要想清楚再创业，不能盲目跟风和从众，切勿"雾里看花"，盲目行事。一定要有自己独立的思考。

雾里看花，比喻看事情不真切。唐代诗人杜甫《小寒食舟中作》诗："春水船如天上坐，老年花似雾中看。"

一谈起创业，创业者脑海里容易浮出那些伟人、成功人士的影子，一想起自己将来就可以开着名车出入高级场所而兴奋不已。其实，这都是社会给的一些假象！每个人创业成功的故事背后都有一些不为人知的经历，而这些经历未必是每个人都可以承受的。而我们大学生常常把自己的前程想得非常的简单，认为只要自己有信心，就一定可以成功。创业过程中的问题都很现实，如果准备不充分，盲目起步创业，成功的概率会很低。想要经营一个企业，了解它的整体结构，做好一切准备，有备而无患。

另外，创业要找到最佳平衡点。越是满怀激情，越有可能迈向两个极端：一是只关注他们喜欢做的，忽视了生意上其他重要的部分；二是尝试做所有的事情，扮演他们力所不能及的角色，他们将自己绷得太紧，还不让别人放松。创业，不仅仅是行业的趋势，人脉、资金、团队等也非常重要。一个人要创业，首先是建立在具备这些能力的基础上，去抓住机会，把握机会，而不是在等待机会！也许有很多人说自己能力很强，可以创造机会，但毕竟这样的人是少数，我们更多的是保持这一份心，在创造有利自己的条件下，一跃而起。人生，毕竟精力有限，失败的太多，也容易导致自己心态不稳，丧失信心，这才是最可怕的结果。

导致创业"雾里看花"的原因主要有以下几点。

首先，创业者不清楚一个行业的具体情况，急于求成，盲目投资运营。

其次，创业者自大自负，天真地认为通过短期的学习就能经营好，或是认为努力就能成功，因此不去做充分的准备。

最后，一个人能否做好一个行业，首先要看他对这个行业的认知度。初涉一个行业之前，一定要对这个行业了解透彻。而当代青年创业者大多社会经验不足，加之急于求成，往往不去了解一个行业就盲目创业，只看其表，未看其里，最后以失败告终。

自古君子远庖厨。2013年12月24日，成都市一所高校食品科学系6名研究生声称自筹资金20万元，在成都著名景观——琴台故径边上开起了"六味面馆"。

第一家店刚刚开张，6位股东已经把目光放到了5年之后，一说到今后的打算，他们6位异口同声地说：当然是开分店啦！今年先把第一家店搞好，积累经验，再谈发展。我们准备两年内在成都开20家连锁店，到时候跟肯德基、麦当劳较量较量。

但事情并没有他们想象得那么美好，由于他们忙于学业，面馆长时间处于无人管理和经营欠佳的状况，投资人不得已准备公开转让。这家当初在成都号称"第一研究生面馆"的餐馆仅仅经营了4个多月，就不得不草草收场。

1999年，第一次互联网泡沫破灭的前夕，刚刚获得哈佛商学院工商管理硕士（MBA）的唐海松创建了亿唐公司，其"梦幻团队"由5个哈佛

MBA 和两个芝加哥大学 MBA 组成。凭借诱人的创业方案，亿唐从两家著名美国风险投资德丰杰和罗森手中拿到两期共 5000 万美元左右的融资。

亿唐宣称自己不仅仅是互联网公司，也是一个"生活时尚集团"，致力于通过网络、零售和无线服务创造和引进国际先进水平的生活时尚产品，全力服务所谓"明黄 e 代"的 18—35 岁、定义中国经济和文化未来的年轻人。

亿唐网一夜之间横空出世，迅速在各大高校攻城略地，在全国范围快速"烧钱"：除了在北京、广州、深圳三地建立分公司外，亿唐还广招人手，并在各地进行规模浩大的宣传造势活动。2000 年年底，互联网的寒冬突如其来，亿唐钱烧光了大半，仍然无法盈利。此后的转型也一直没有取得成功，2008 年亿唐公司只剩下空壳，昔日的"梦幻团队"在公司烧光钱后也纷纷选择出走。

在创业过程中，如何避免"雾里看花"？

身为创业者在创业之前一定要对自己的创业项目的可行性进行分析，尤其是对项目的市场可行性以及项目市场的核心竞争力、市场环境进行分析。并且对自己的创业团队，创业的合伙人和人力资源的可行性进行分析。只有通过认真的可行性研究才能开始自己的创业之路，切不可凭空想象与臆造创业前景。

选择项目一定要谨慎，尤其是涉足自己不了解的行业，最好有行家指导，要多做调查研究。真正成功的企业，往往是抢占了市场的空白商机，有自己的特色，并且有独创性。这样的企业发展起来遇到的阻力才会很小。

创业并不是容易的事，不是你雇个人干就能赚钱，至少在先期要付出很多的精力和时间，因此，兼职创业要有足够的时间和自由度才能考虑。要审时度势，见好就收。如果是自己无法控制的原因造成经营不好，马上止损撤退另谋高就还能避免更大损失。

3.忌"一人独断"

法国著名哲人孟德斯鸠曾说："绝对的权力，导致绝对的腐败。"这是国家权力制衡原理。同理，在企业经营运行过程中，绝对的"独断"，终究难逃绝对失败的厄运。

大学生创业者大多集创业者、决策者和执行者于一身，其他部门形同虚设，其他人也只能俯首帖耳。这些条件与权力的结合，必然使创业者个人拥有了全世界最高的经营失误和决策错误的机会。

　　总结那些投资决策失败的创业者，我们不难发现，他们都是毫无节制、没有止境地对追逐利润、渴望财富、期盼成功，他们无一例外地对发展规模有着特殊的偏好，他们无一例外地相信自己无所不能，甚至有些创业者"拍拍脑袋"就能做出重要决策，其结果最终是使他们经营的企业漏洞百出、危机四起，甚至走向灭亡。

　　经济学家费德勒的"权变理论"认为，无论处在何种企业当中，个人的领导风格是确定不变的，要么是关系导向型，要么是任务导向型。

　　一位关系导向型的领导，会注意发挥每个人的专长，尊重个人兴趣、爱好，鼓励大家取长补短、相互协作、克服困难。领导者与成员之间的关系比较高，注意调动科技人员积极性，聪明才智得到了充分发挥，这是成功的重要因素。优点是充分发挥应有的潜力，营造成就意识，利用互补协作；就整体效果而言，可以增强群体凝聚力，思想容易统一，方向较为一致。弊端是，长期会导致团队员工的散漫的情绪，这些人有能力，却不愿意干领导者希望他们做的工作，造成效率的低下。如果过于民主，则关系型领导风格容易失控，领导者有时会因为优柔寡断而影响团队效率。

　　任务导向型的领导风格，一般领导者与成员之间的关系会比较差，这种风格措施得力，雷厉风行，效率高，效果好。但其缺点：一是易压抑下级的个性表现和自我发展，二是由于权力伸展范围大，易束缚部属思维，三是难以集中集体智慧实施正确决策，四是容易出现个人独断、一言堂的现象，不利于搞好团结。如不符合工程质量要求的，要坚决返工、罚款；不按期完成任务的扣发奖金；在工作中相互打闹、损坏工具、浪费工料、出工不出力、偷懒耍滑等破坏劳动纪律的都要受到严厉的批评、处罚。

　　综合上述两种风格，我们要扬长避短。做决策之前多听取他人意见，综合考虑。尤其是在创业之初，最忌讳一人独断。独断专行不是办事干练、富有智慧的表现，而是头脑简单、经验不足、尚不成熟的弱者。独断专行，最大的隐患是容易失掉利用别人的经验和机会，若是长期独断专行，不愿意听取别人的意见和建议，所做出的决策和提出的方案就不可能得到充分的论证，更不可能吸收到符合实际的鲜活的经验，必然导致造成短视，痛失有用之才，更痛失良好的发展机遇。

万福生科（湖南）农业开发股份有限公司是一家从事稻米精深加工系列产品的研发、生产和销售的上市公司。这家公司虽然设置有股东大会和董事会，但公司大权实际只掌握在董事长龚永福的手中。龚永福自己不仅是公司的董事长，还是公司的总经理，公司的经营监督管理的大权全都落入其手中。

在公司内部，各部门不需经过他人，直接受董事长龚永福的控制，因为他自己既是董事长又是总经理。公司事务所需通报执行的环节的减少，固然在一定程度上提高了执行效率，但是对于内部监督的环节却是严重缺失。董事长的"一人独断"，使公司的内控意识薄弱，内控环节缺失。换句话说，就是在万福生科公司中，内部监督部门缺少对董事长龚永福的监督权力。最终，这家公司因为龚永福个人的错误决断，因造假行为被媒体曝光，一败涂地。

头顶"福布斯中国富豪""中国创业板首富"等多个耀眼光环的重庆智飞生物董事长兼总经理蒋仁生，在谈到管理企业的时候说道："我的管理风格是抓大放小，民主决策，重要的事情不能独断专行，也要同其他副总，包括吴冠江、余农、陈渝峰等商量，他们都是我的创业伙伴，也是最好的帮手，没有他们的大力支持，智飞生物也没有今天。"

为了在决策中消除"一人独断"，我们以财务处理和项目谈判为例提供以下参考。

要求下属公司在确定了基本预算后，日常发生的任何大笔业务款项，即便看来是在总经理权力范围内的经营活动，都实行总经理与财务总监同时签字方才有效的双重制约机制。并且在公司内部管理条款中，非常刚性地规范了财务总监具有这一特殊职权，用他们通俗的语言来说，就是"四只眼睛总比两只眼睛看得更清楚"。

进行某个项目时，要遵循一个标准程序：通过专业资料，将有关信息查阅出来，然后，将候选的合作者交给专业咨询公司，请其对产品的质量与性能、价格、资信、行业地位进行全面评估，把不合格的淘汰出局，然后再进行下一步的筛选与评估，确定最终的对象后，才进行一轮又一轮的商务谈判。

4.忌"经验不足"

亨利·福特说："任何人只要做一点有用的事，总会有一点报酬，这种报酬是经验，是世界上最有价值的东西，也是人家抢不去的东西。"创业经验对于一名创业者来说，具有举足轻重的意义。

相关专家调查显示，当代大学生创业的各种障碍中，"经验不足，缺乏社会关系"以50%的比例高居各种障碍之首。虽然当代的大学生具备了较丰富的理论基础与知识面，但是大学生长期身处校园，很少有机会了解和把握市场规律和游戏规则，同时又欠缺实际的经营管理能力和各种理财能力，在创业过程中，遇到各种具体事务时就会力不从心。所以大学生要经历一个学生时代到职业时代的转变，完成一个学生到创业者的角色转换，最终取得创业的成功，突破经验不足的瓶颈就显得尤为关键。

大学时代是一个人实现自我蜕变、明确人生定位的关键时期。一般来说，大学生们的自我意识在大学期间基本觉醒，能找到自己的兴趣和价值所在，从而为自己拟定一个初步的人生规划，这就为以后的成功打下了初步的基础。

机遇往往垂青有准备的人，有创业意向的大学生，在大学期间就应为以后的创业做一些初步的准备，积累一些必要的经验。一般来说，大一时，就应主动接受职业价值观方面的教育，开始了解自己的兴趣、特长和专业背景，为今后选择创业、确定职业目标奠定基础。大二、大三时通过参加社会实践和实习活动，对专业的社会需求和发展前景深入了解，根据实践中自我适应程度的反馈信息，反思和调整自己的职业取向，初步确定与自己能力相吻合的职业选择。例如，要对个人的创业条件进行分析，准确定位。同时看自己是否具备未来的老板气质和心理素质，比如承担风险能力、创新能力、决策能力和领导能力。

2009年4月，大学毕业的张彤在天津市塘沽区开了一家服装批发店，创业资金8万元。门面转让费1万元，月租金2000元，租金一缴一年。货从北京进，由于是搞批发，第一次就进了2万元的货。为了节省资金，店面装修全部自己动手，花费4000多元。以每月1000元的工资招聘了一个店员。经过一番筹备，张彤的批发店开张纳客，手里剩余流动资金2万元左右。

头一个星期生意还不错，但很快附近的一家服装批发店也跟着她做起了同样的产品，且价格比她要低很多，导致她的客户大量流失。张彤为了留住客户，首先跟着降价，而且降得比对手还凶，同时不断跑外地寻找新的货源。她认为：要把对方压下去就得保证自己经常有新货，必须加快进新货的进度。此外，张彤还向顾客承诺，不好卖的货可以退回店里换新货。经过此番努力，不少客户又回来了。但与此同时，一场更大的危机来了。

为了与对手拼货品，张彤在短时间内耗尽了所有流动资金。虽然赢得了顾客，可是服装批发店里的存货越来越多，流动资金全押在货里了。开业半年后，张彤发现已经拿不出钱来进新货了。与上家联系先货后款没有成功，找人借钱又没借到，张彤想把存货低价批发出去，让资金回笼。但客户不买账，因为存货里老款太多。

又过了3个月，房东开始催促下一年的租金，而且租金从每月2000元上涨到每月3000元。无力承担过高的租金以及进货所需的大量流动资金，张彤无奈终结了第一次创业。

张彤失败的教训，在于缺乏财务管理经验，导致资金链断裂，以致失败。

我们再反观一个成功的例子。

"80后"创富代表之一——MySee公司前总裁高燃，曾被人称为"极客少侠"，因为他只用不到两三年的时间，就带领他的团队神话般地缔造了一个神奇的P2P帝国。而他的成功，似乎在大学期间就已经注定。

大学时代的高燃非常活跃，第一年参加的社团就达17个，并创办清华大学国际问题研究协会，曾获清华大学"皮划艇冠军""攀岩冠军"的称号。并且在校期间，高燃就开始有意识地培养自己的社交能力，他组织过多次演讲、论坛，邀请很多企业家、政府官员、学者，还有一些国外的大企业家、知名人士来学校作演讲。

在邀请这些名流之前，高燃都会进行充分准备，读非常多的书，做非常多的工作，比如详细了解他们的个人资料和相关背景。为积累人脉，他还经常与一些邀请过的政府官员、专家、企业家保持联系。大学四年中几乎每一个节假日，在别人都出去玩的时候，他都会拿出名片、电话本，给邀请过的名人们打电话，问候他们。也许一次两次他们没有印象，但是时间久了，大家就记住了这个执着勇敢的年轻人。

那么具体该如何积累创业经验呢？其实很简单。

首先，抱着学习心态，找一家公司亲身工作一年，将会补充和完善许多社会经验和商业经验，如果有机会，再进入大型商业机构进行宏观及系统方面的学习和尝试，为将来实现个人的独立创业打下一个良好的基础。

其次，在学习、工作的过程中，做好市场调查和分析，准确掌握市场信息，做好市场预测，建立经营思路，设计市场进入策略，对经营项目的投资、筹资、成本、收益等作出可信的测算，学会常用的财务管理知识。

大学生要抓住和利用一切实习机会。例如做销售，在此过程中，大学生可以观察消费者的消费能力、消费观点、对公司产品及市场相关产品的评价等，掌握市场消息、预测市场需求、洞察市场空白，以市场指导生产。实习的企业就是实际创业团队。在这个团队里，锻炼能力积累经验都是可取的。需要善于发现全新的创业点子，或在所在企业市场空白处找到创业契机。

失败是成功之母，有时候，失败也是一种积累经验的方式，大学生创业者拥有年轻的优势，因此，他们更应该能够承受得起失败的冲击，也只有战胜挫折，大学生创业者才能找到自己立足的方向。想要提高自己的创业成功率，大学生创业者们就应该考虑如何去积累创业经验。

5.忌"项目不准"

中路集团副总裁汪恭彬曾经说过："创业一定要找到刚需，一定要反复地追问自己，到底解决了用户的什么需求，到底是不是刚性的？因

一、筹备篇

为要找到这个痛点。如果这个不足够痛，则就完全不存在。"大学生创业能否找准切入点，是决定成功与否的关键。找准切入点，也就是强调创业项目的准确性。如今，可选的创业项目数不胜数，让大学生创业者很难把握。

大学生有着自身的优点，文化水平高，有很强的自主学习能力，不但思维活跃，是潮流的引领者，更有运用 IT 技术的超强能力。但大学生同样存在缺乏经验、没有项目、喜欢纸上谈兵以及心理承受能力差的缺点。所以，很难找准合适的创业项目，盲目地换了又换。

由于大学生身处高新科技前沿阵地，又有很深厚的知识基础，在校园内能又快又好地掌握一项甚至几项前沿技术。因此，在这一领域创业有着近水楼台先得月的优势。但并非所有大学生都适合在高科技领域创业，一般来说，技术功底深厚、学科成绩优秀的大学生才有成功的把握。有意在这一领域创业的大学生，可积极参加各类创业大赛，获得脱颖而出的机会，同时吸引风险投资。

在没有经验又没有资金的情况下，将大脑中的智力转化成生意是大学生应该充分利用的创业资本。在智力服务领域创业，大学生游刃有余。此时，创业只需要你大脑中的知识，如家教、设计、翻译等，可以找合作伙伴，而你的投入却只是一个人。同时，也可以利用高校教育资源，可以很容易地赚到"第一桶金"。

对于创业资源十分有限的大学生来说，如何减少创业过程中走弯路的过程，借助外力加快成长。本报创业指导专家介绍，连锁加盟是一个很好的选择。选择加盟，就有了品牌、技术、营销、设备等优势，利用他人成功或成熟的创业经验加快自己成功的步伐。但连锁加盟并非"零风险"，在市场鱼龙混杂的现状下，大学生涉世不深，在选择加盟项目时更应注意规避风险。

对于创业，很多在校大学生都有自己的想法，并充分利用校园资源，走起学生路线。记者了解到，很多大学生一边上学一边开店。这样，一方面可充分利用高校的学生顾客资源，另一方面，由于熟悉同龄人的消费习惯，创业入门较为容易。虽然此时，很多大学生的创业成本并不高，走学生路线，不但能为以后步入社会的创业赢得资金，更能积累经验。

施杰刚进大学不久，在学生会外联部和篮球协会干得有声有色。在各种活动中接触了不少商家后，他产生了自己创业的念头。然而第一次创业却远没有想象中那么简单。2004年，施杰在网上发现了某网站正在进行浙江省总代理的招商，从事分类信息的发布。"当时想法也比较简单，觉得网上资源丰富，做分类信息发布收费低，有价格优势。于是就找同学凑了点钱，买了机票飞到北京去谈代理去了。"

到北京跟对方谈了一次，他就决定做该网站的浙江省总代理。然而过了两个月，这个显得太过草率的决定让他尝到了第一次创业的失败，"招商宣传时说的很多条件都没有实现，甚至连后台都没有准备好，更别谈设想的广告收入了。"

第一个项目花掉了他家里几乎所有积蓄，但施杰并没有放弃。2005年3月，他联系到了网易，想起了做网易分类信息的浙江省总代理。

"网络的容量很庞大，当时觉得分类信息、分类广告的市场应该是很大的，毛估一年也能赚不少钱。"他找亲戚借了笔钱，又找了两个好朋友一起合伙干起了网易的浙江省总代理。这次，施杰尝到了甜头，"前两个月不仅把代理费都付清了，还赚了七八十万元。"也就在这一年，由于创业耗费了太多精力，他选择了休学。

然而在选择休学的时候，生意却开始走下坡了。"当时不少老板都不触网，因看不到直接的效果，就不再投放广告信息了。"坚持了一年左右，不仅没有赚到更多钱，反而把开始赚的几十万元钱也"烧了进去"。

2006年，在结束了网易的浙江省总代理项目以后，施杰并没有选择复学。因为他看到了Web2.0在国内开始兴起。热爱体育的他在得到一个朋友50万元的投资后，开发了一个名叫"UU体育社区"的网络社区。然而之后运行不顺，他选择了结束项目。

关于合适的创业项目，可参考下面3个切入点。

一是商品和店铺的个性化，抓住消费者标榜时尚个性的需求，提供独一无二的个性化商品或服务。比如强调咖啡文化的星巴克，通过一种文化理念博得消费者认同，彰显个性。

需要注意的是，个性化需求是建立在市场的基础之上，虽然与众不同，但不代表创业者个人标新立异的需求，需要创业者把握好个性与实用性之间的尺度。同时，由于个性化产品的流行时限不长，就要求创业者在进货、销售的时候，都要随时保持其独特性。

二是利用"绿色商机"。生活方式的升级不仅让人们要吃得好、活得好，如今，更多的人还开始关注，怎样吃得健康、活得健康。健康消费，已成为寻常百姓家庭消费中的一大热点。而从绿色食品的热销到健身俱乐部、养生餐厅的兴起，也都传递着这样的信息：随着国内居民健康意识的不断提高，健康领域蕴藏着巨大的商机。

三是女人和孩子的钱依然好赚。女人身上的商机很多，一般都和美丽有关，而且不会受到新商机的冲击。近几十年女性消费热点主要是服装、化妆品、美容瘦身、整容、色彩顾问，等等。孩子方面的商机则主要来源于衣食住行以及教育方面。比如母婴用品，以及各种语言培训、职业培训、幼儿教育等领域。

6.忌"好高骛远"

中国青少年发展基金会常务副秘书长杨晓禹说："大学生创业不仅需要经验也需要能力，而这些都是很多在校大学生缺乏的，也是中国教育需要改变的现状。"很多大学生在刚开始创业就"站得太高、看得太远"，动不动就把整个行业拿来整合，不懂得脚踏实地，也没有看到眼前的困难。

从历年的情况分析来看，大学生都有很高的创业积极性，这也跟大学生所学专业与社会发展前沿结合较为紧密有关。这个群体从事网店、电子商务等小规模的行业较多，因为其操作难度与工商注册难度均比较小。

但是，当代大学生中存在着一个错误观念——"四两拨千斤"，他们想要利用熟悉的互联网做一些一本万利的事情，稍有挫折就质疑自己的方向是否正确。所以，目前大学生的创业项目主要围绕社交、电商、营销这三大主题。对于创业有很美好的幻想，认为只要有一个好的想法就可以去创业了，殊不知创业要比就业困难得多。

很多大学生对创业的理解还停留在一个美妙想法与概念上。他们虽然掌握了一定的书本知识，但终究缺乏必要的实践能力和经营管理经验，对市场估计不现实，也没有做充分的市场调研，甚至对产品的市场定位以及以什么特色、什么方式方法呈现出来还不够明确。创业计划必须有一整套细致周密的可行性论证与实施计划，不仅要包含真正的技术含量，还要体现出市场盈利的潜力。

　　23岁的杨晓琳在大学毕业前就开始创业了！刚走出大学校门的她，都当了半年多的糕点店老板了。2007年5月，当打听到上海有烘焙展会时，她坐不住了，带着自己攒的零花钱来到了展会现场。在现场，看着来自世界各地各式各样的烘焙糕点，杨晓琳特别兴奋。考察中，台湾有一家公司展出的当地特色糕点让她过口不忘。

　　回到济南后，只要上课不忙，杨晓琳就喜欢跑到市区四处转悠，看看都有什么样的糕点店。经过调研，她发现自己吃到的美味凤梨酥等台湾糕点在济南并没有太多销售商家，这个发现让她"蠢蠢欲动"。几经周折，2009年刚上大四的杨晓琳联系到了让自己印象深刻的这家台湾公司，表达了自己的意向，希望能在济南也开一家台湾糕点店铺。

　　杨晓琳说服了的父母同意先借给她创业资金。借到了创业资金，杨晓琳又开始到处租房。有了房子，她就开始跟着台湾糕点公司派来的烘焙师傅学习。那段时间，杨晓琳多数时间都泡在店里。有时为了研究怎样能将糕点做得更好，她经常要熬夜到凌晨。

　　2010年1月，杨晓琳的小店正式开张了，还没毕业的她成了小老板。小店的隔壁是一家已小有名气的糕点店，有时一些顾客来买糕点时，看到杨晓琳的小店会好奇地到店里去转转。但他们问杨晓琳最多的就是"你们店里的东西好不好吃"。

　　开始创业后，杨晓琳才感觉有好多东西要学。做出了好吃的糕点顾客却很少，或者顾客很多时来不及做太多糕点，这些都会让杨晓琳"头大"。另外，如何和顾客打交道、怎样管理比自己年龄还大的员工等，这些都是初次创业的杨晓琳需要不停学习的内容。

　　而我有个学员，也有梦想，也有追求，高中毕业到深圳创业，幻想着一步登天，一跃成为大老板。创业尚未开始，他就逼着老爸拿家里的楼房作抵押，向银行贷款50多万元作启动资金。3年过去了，不但分文未赚，倒把50多万元血本快亏光了。究其原因，就是不能从细节做起，夸夸其谈，华而不实，贪大求大，这样的创业者，焉能不失败？把这50多万元的还贷包袱甩给年迈的双亲和其他亲人，而他自己无所事事游手好闲。

为了防止创业"好高骛远",我们提供以下几点建议。

有一份完整的创业计划书。大学生创业必须制订一个完整的、可执行的创业计划书,即可行性报告,主要回答你所选的项目能否赚钱、赚多少钱、何时赚钱、如何赚钱以及所需条件等。回答这些问题必须建立在现实、有效的市场调查基础上,不能凭空想象,主观判断。根据计划书的分析,我们再要制定出企业目标并将目标分解成各阶段的分目标,同时制订出详细的工作步骤。

周密的资金运作计划。资金如同企业的粮食,要保证企业每天有饭吃,不能饿肚子,就要制订周密的资金运作计划。在企业刚启动时,一定要做好3个月以上或到预测盈利期之前的资金准备。但开业后由于各种情况会发生变化,比如销售不畅、人员增加、费用增加,等等。因此,要随时调整资金运作计划。而且,由于企业资金运作中有收入和支出,始终处于动态之中,创业者还要懂得一些必要的财务知识。

营造一个好的氛围。大学生创业由于缺少社会经验和商业经验,如果把自己独立放到整体商业社会,往往会难以把握。这时可以先给自己营造一个小的商业氛围,进入行业协会是比较有效的一条途径。创业者可以借助行业协会了解行业信息,结识行业伙伴,建立广泛合作,促成自己在行业中的地位和影响。

不要惧怕失败。在企业的运作过程中失败是难免的,失败了不气馁,调整方案,换个方式和方法继续前进,永远不要停止前进的脚步。对于创业者来说这很重要!看看我们身边一些成功的企业,特别是网络时代的英雄们,有几个是按他们创办初期的想法赚到钱的,他们大都经历过一个"死而复生"的过程,坚持就是胜利,唯有坚持才使他们成为今天的网络英雄。我们应该明白,失败并不可怕,它是企业迈向成功的阶梯。

二、团队篇

1.忌合伙人不靠谱

比尔·盖茨曾说："因为有更多的成功人士在为我工作。"这句话就是他的成功经验。陈安之的超级成功学也有提到：先为成功的人工作，再与成功的人合作，最后是让成功的人为你工作。由此可见，一个团队对于创业者的重要性。

一个人想要做好一件事有时会很难，但如果是一个团队就会容易很多。为了同一个梦想，大家聚集在一起，抱成一团，去创造属于我们自己的天地。没有管理能力，可以学习；没有社会经验，可以借鉴；没有人脉关系，可以建立；没有营售能力，可以培训；但如果没有一支优秀的团队，那就只有放弃。人的因素是决定性的因素。创业赚钱中，找到好的合作人至关重要。

如果我们想做大一个事业，单纯有一个懂经营的人还不行。我们要组合一个非常优秀的团队，而且从一开始就要谋划好，搭建一个相对良好的有诱惑力的平台。一个优秀的财务总监，可以让你省心省力省钱；一个优秀的营销总监，可以让你业务稳步良性增长；一个优秀的人力资源总监，可以帮助你做人力资源规划与培训，让你有良性的人才进出机制；一个优秀的市场总监，能够策划务实的营销活动与规划市场。另外，你还缺一名很好的"政委"，能帮助你协调、解决内部矛盾，营造"和谐"工作氛围。当然还要有几名"顾问"，能帮你做好企业的外围关系，还能提出发展中肯的建议。

创业成功需要具备多方面的综合知识和经验，如管理知识、营销知识、财务知识、法律知识，甚至产品技术知识。而大部分大学生没有这方面的实践，经验更是匮乏，很难做到全才。所以，要找一些优秀的，对自己真正有用的合作伙伴，这样一方面能分担一些创业的压力，能一起商量一些事情，另一方面能够弥补自己很多方面的不足。所以选择一个或者几个好的合作伙伴能事半功倍，加速创业的成功。

来自广州的小张大三下一学期的时候，没什么课程，怀着一股冲劲，一股激情，一个想快快冲进社会这个大海，快快赚很多很多钱的理想，于是萌生了创业的想法，决定搞一个广告设计工作室。

阿鸿是他从小一起长大的朋友，没读过多少书，在小张走出社会的时候，他已经在社会上近10年了。做过小生意，也打过工。那一年他刚好在广州，帮人家打工，刚刚做完一个工地，没什么事做，就在小张租的房子里借住。

　　小张没经验，只懂一点自己专业的东西，其实也懂得不多。他便问阿鸿想不想一起开公司。那时，小张觉得万事俱备，只欠业务。小张为阿鸿一一分析后，阿鸿便也来了激情，说好一起做。

　　他们两个的分工是：阿鸿负责业务，小张负责设计。他们招了3名业务员，两名设计师，都是小张的同学。在投资方面，他们说好五五分账。备齐了所有办公硬件，就只需要一点钱作为周转，还有一些就是平时费用及发工资。小张想，有两万就够了，但阿鸿却只有几千块；小张觉得反正都是这么好的哥们，自己先出着。于是，就这样开始了。

　　结果，3个月过去了，单没见着一个，钱花了不少，也快花完了。由于大家都是朋友、同学，都在一起吃住，把客厅当成办公室。所以，在吃饭的问题上搞出了很多的事出来。一个是煮饭，一个是买菜，另一个则是洗碗。阿鸿每天睡到快10点，像个大老板一样很清闲地到市场买点菜，回来吃了饭，下午到外面走一圈，四五点就回来了。每天都是这样，小张的心急得很。没单、没生意，这么多人要吃饭啊。说了很多次，可是，都没效果，大家都是朋友、同学，也不好怎么说。工作室也很快就解散了。

　　选择创业合伙人也是个技术活，选得不好，就会导致创业失败，以下有几种人是最不适合一起创业的合伙人。你可以对号入座。

　　不要找总是想着给别人打工的人。这种人没有当过老板，过惯了按时领取薪水、到点就回家和老婆孩子共进晚餐的日子。如果你们一起创业没有及时产生效益，他就会迅速抛开你出去找工作，不然家里怎么过活？

　　不要找行动力不强的人做合作伙伴。这种人喜欢研究对手，经常会为一份商业书纠结几个星期，总借口不够完美或者有问题不去实施，想的问题很多，却不去完善。其实就是习惯性拖拉者，缺少干劲。

　　不要找发明家做合作伙伴。因为发明家不把"盈利"作为企业发展的首要考量，只是习惯性地将投资方在研发上，优秀的学者不见得是优秀的商人，只能考虑跟他们进行技术授权合作或建立战略合作关系，并且在协议里明确划分产品控制权和经营控制权。

不要与自以为是的人进行合作。这类人很少听取合作伙伴的建议，喜欢贬低对方的任何创意与建议，喜欢擅自做决定，最要命的是，自以为永远正确者制订的计划失败后，永远只会怪别人，认为他自己没有任何责任。

不要与大手大脚的人当合伙人。他喜欢高年薪，豪华办公场所，喜欢排场生活，他认为这都是企业必备的客观条件，一切都要由企业买单，认为企业的钱就是用来花的。而事实上，一个真正的合伙人，在创业初期用钱应该比较谨慎，有责任心，把每一块钱都用于公司的发展和开发上，而不是用来丰富他的私人生活。

不要与私生活问题太多的人做合作伙伴。今天送孩子练足球，明天陪老丈人去医院，或者感情突变，要去法院打离婚官司，不幸的是，他还付不起自己的律师费用……你是准备创业，不是要做他人的保姆或心理医生。签约前一定要把未来合伙人的老底都查出来，如果对方看起来有些毛病，立刻掉头。

选择什么样的合伙人合适呢？我们提供以下几点建议。

首先，合伙人一定是和你互补的。人无完人，人不可能没有缺点，选择一个能弥补自己缺点，或者对自己某方面有一定补充的合作伙伴是非常有用的。另外，价值观不能相差太多，不然问题就会比较多。

其次，合伙人要善于合作和沟通，有很强的沟通能力与合作能力。一个人的成功，15%取决于你的专业知识，85%则取决于你的社交能力。只有掌握了与人交往的技巧，才会拥有一个好人缘，在通往成功的道路上，才能左右逢源、如鱼得水。

最后，合伙人一定要有远大的志向。当今社会，一个人最大的危机是缺少危机感，最大的陷阱是满足。人不能戴着近视镜看社会，要用望远镜看世界。如果创业合作伙伴是个志向远大的人，顺境时会想着为自己找个退路，逆境时会懂得为自己找出路。视野开阔，意识超前。

2.忌各自为政

小微企业管理者在管理中难免会遇到一些问题，在处理这些问题时，非常容易各执己见，各自为政，从而使管理带来无效性，实现不了预期管理的目标。

　　管理者在管理过程中要注重管理的协调性。除了领导与员工、管理者与员工之间的协调一致外，必须同时做到领导与管理者、管理者与管理者之间的协调一致。只坚持自己的原则，不坚持客观公正的原则，各自为政，自以为是，会严重影响管理的有效性，也无法培养管理者的团队精神。

　　作为一名企业管理者，对事物的认识要注重高度和深度，全面性和前瞻性。没有一定的高度，不可能"站得高，看得远"，也就无法做好企业领导决策的参谋助手；没有一定的深度，无法领会领导决策的真正意图，容易出现行为上的不协调；缺少认识上的全面性，容易对事件的判断出现失误，束缚自己的手脚；没有长远的考虑，容易顾此失彼，造成不必要的损失。

　　另外，作为管理者要注重培养管理氛围。而好的管理氛围与管理者本身的表率作用是密不可分的，好的管理团队与管理者的思想境界也是相互联系的，固执己见、怨天尤人、无所事事、不善沟通、素质低下的管理者不可能取得管理上的成效，更不可能在管理上有所作为。

　　不论是从严管理，还是人本管理，单靠哪一个管理者都是不够的，必须靠一个团队，并通过这个团队培养一个较好的管理氛围。只会说好话，在管理错误上经常说情的人，不仅会破坏整体管理氛围，更会影响管理团队作用的发挥。从管理角度而言，无原则的团结是可怕的，老好人的管理者是要不得的。

　　一个企业的管理者，必须要做出表率，以身作则，身体力行，言必行，行必果，只有这样员工才会心悦诚服地接受领导，跟着积极行动起来。不能单凭自己的职务、权威和形式上的地位尊严去进行领导，要靠对员工的信任和指导去进行领导，要相信下属员工有工作积极性，有提高自己能力、承担更大责任的愿望。只有真正关心自己的下属员工，与下属打成一片，才能赢得下属，包括比自己更优秀的下属的充分信任和忠诚，才能高效、高质量地完成管理工作，自己也会有更好的职业发展前景。

　　学习型组织是一个企业未来发展的趋势，一个企业只有当它是学习型组织的时候，才能保证有源源不断的创新的出现，才能具备快速应变市场的能力，才能充分发挥员工人力资本和知识资本的作用，也才能实现企业满意、顾客满意、员工满意、投资者和社会满意的最终目标。

沃尔玛公司实行扁平化结构的管理体制，下设4个事业部，组织管理分事业部总裁、区域总裁、区域经理、店铺经理4个层次，直接有效地对店铺的选址、开办、进货、库存、销售、财务、促销、培训、广告、公关等各项事务进行管理。正是这样高效的组织管理结构，再加上先进的高技术应用，使得沃尔玛跃为世界第一零售商的宝座。

惠普公司提倡"周游式管理方法"，创建"敞开式大房间"办公室，全体人员在一间敞厅办公，各部门之间只有矮屏分隔，无论哪级领导不设单独办公室，同时也不称呼职衔，对董事长也直呼其名。惠普公司倡导所有公司管理者深入基层，接触广大员工，有利于公司上下左右通气，创造无拘束的合作氛围。

如何防止各自为政的现象？

古人云："人心齐，泰山移。"没有凝聚力，就没有团队精神。

管理者在管理过程中要培养自身和所属员工的管理意识，注意分工与协作，提高管理效率。"有所为""有所不为"。"有作为"的管理者应该是勤思考、善于创新性开展工作并有一定工作成效的人。要协调团队成员的心理关系，调节好团队成员的经济利益，统一成员的核心价值观，增强成员的归属感，以此来努力提升团队的凝聚力。

管理者在管理过程中要注重管理效率，特别是管理的时效性应该给予特别的关注。不及时解决问题会使问题越积越多，简单问题复杂化，甚至会出现管理混乱的局面。在团队的协作过程中，注重团队需求的同时团队领导更加要了解和掌握团队成员的个人需求，满足成员的社会需求、尊重需求与自我实现的需求。

要注重沟通。包括与上级领导、同级管理者和所属员工的沟通。另外，要注重管理结果的有效性。虽然管理过程也很重要，但管理结果更能说明问题。明确各自的职责，消除认知误区。

最后，管理者在管理过程中必须在职责明晰的基础之上，要学会相互之间的包容。相互包容并不是帮助管理者隐瞒缺点，而是相互补位的同时，善意地提出存在的不足，帮助别人改正。无原则的包容不仅会造成对管理者的伤害，更会形成新的不团结，影响团队精神的发挥。

3.忌拉帮结派

　　拉帮结派是企业团队建设的大忌，是企业发展的毒瘤，必须坚决制止、立即铲除。

　　恶意的拉帮结派会对企业造成毁灭性打击，甚至可以说到了无以复加的地步。那并不是极端时期的极端现象。放眼改革开放30年来我国企业的生生死死、悲欢离合，过早夭折的企业至少一半都是死于内斗内耗。因创业元老意见纷争、因企业内部拉帮结派导致企业死亡的事例，这些年见之报纸、诉诸媒体的不在少数。

　　拉帮结派最大的一个坏处，就是排挤人才，凡是真正的人才都不愿意建立小圈子，他们往往特立独行，并因此成为被攻击或围剿的对象。拉帮结派者是企业人才的"天敌"。

　　一个企业中如果产生派系，一般是由于有限的"权力"或者"职位"和个人无限的"欲望"。另外，制度上的漏洞也给"派系"创造了土壤。这就是企业制度的缺陷，这说明评价体系的缺失。假设评价体系能够公正的选拔和评价领导，那么争宠也就失去了市场。因此，解决该问题应该从该制度下手，而不是"对调司令员"所能有效的。"职位对调"只能缓解一时的问题，但却无法根除该问题。

　　企业内部拉帮结派的另一个重要原因就是企业的管理不到位，忽视了企业文化建设，错误地认为企业发展了才有企业文化。企业文化应该与企业一起成长。初创期的企业对于企业文化的建设更为重要。在企业成立之初，没有树立正确的价值观，没有鲜明的价值取向，任由员工自由发挥、任由各种潜规则漫延，企业失控或夭折就不可避免。如果这家企业有新员工入职培训、有新员工迎新制度安排——比如说企业出资，各部门负责人代表企业举办迎新会。有了这样的制度安排，别有用心的人就会少了很多机会。

　　没有建立明确的"公司转型期人力资源规划"，一个企业的人力资源总监没有结合公司发展进行人才需求的预期判断，也没有随着企业进入转型期所带来的变化而进行人力资源方面的梳理，以致人才结构不尽合理，才导致了拉帮结伙的现象。

企业中，最容易拉帮结伙的，就是掌握关键技术的核心骨干，对他们一定要进行合理的监控，仅有"宽松"的管理肯定是不够的，在人才的任用与管理上应该做到合理的管控，把人才引进来，之后如何管理，如何沟通都是部门经理的事情，在这一点一定要做到位。

一个企业仅靠高薪是留不住人的，如何将激励机制引入到管理中才是关键。人才缺乏必要的激励和刺激，在思想上容易产生两种极端，要么容易产生惰性，要么导致员工拉帮结派，直至自立门户。

刚刚走出校门的大学生所创立的小微企业，要建立规范的岗位职责制，每个岗位所应承当的职责、权限、所应拥有的资源、所对应的薪酬待遇，均在岗位职责制中体现。除此之外，最重要的是考虑可能的职业发展通道，适时安排一些职业培训。

吴士伟在一家电梯安全防护生产企业任技术部总经理，公司于一年前在某专业性大学聘请了4位高级人才，和招聘普通员工不同的是，这4位高级人才刚进入公司便被安排进吴士伟所在的技术部，直接参与技术研发。经过一年多的磨合，他们在各自岗位上成绩相当不错，这一点让吴士伟所在公司的人力资源总监很是得意。

后来，一些问题开始逐渐显露出来。这4个人先是凭借手中掌握的技术拉帮结派，居功自傲，继而通过吴士伟要挟公司，以满足他们过分的个人欲望。这4个人相当于一个小团伙，其他员工也很难和他们相处，因为手里掌握关键的核心技术，4个人总觉得比别人高一头。

作为4位高级人才的直接领导，吴士伟感到很恼火。平时对他们的管理是比较宽松，公司提供给他们的薪水也比普通员工高出一倍多，因为他们之前没有工作经验，只是对技术掌握的比较扎实，本以为作为刚出校门的他们应该很守规矩，却没承想竟搞起了"挟天子以令诸侯"的把戏。

虽然吴士伟在此事上很是恼火，但鉴于此4个人掌握着公司的核心技术，也只好忍气吞声，一边在他们之间周旋，一边苦想对策。吴士伟几乎陷于两难境地，若直接炒掉他们，公司正处在转型期，风险太大；若是任由他们，又会造成人心涣散。

帮派林立会直接影响正常的人事管理，无形当中形成双重领导，使正常的人事管理系统无法有效发挥作用。为了帮派间的一些私利，避免不了动用企业资源，来配合自己扩大帮派间的争斗，直接导致内部消耗。这种争斗会把企业搞得乌烟瘴气，使员工无心工作，更别提创造什么利润了。

如何解决拉帮结派的问题？

可以采取自下而上逐级沟通的方式，逐一谈话，了解拉帮结派群体的真正目的，再寻找应对策略。分而治之。将4个人安排在不同岗位，如果在分工合作过程中需要他们紧密合作的话，可成立项目组，由组长进行监督。

你可以从里面挑一个小派，杀鸡儆猴，如果都抱成一团的话，你可以一方面跟职介所联系让他们帮你留意人手，一方面制定出切实可行的制度，比如签订正规的劳动合同，一定要注明辞职的话需提前半个月或一个月什么的。建立合理的奖惩制度，有奖有罚以达到分化他们的小团体的目的，那些收到奖励的人尝到甜头看到希望多半不会跟着瞎闹事的。

最后，尽可能争取时间，以培养新的骨干力量和后备人才，而且公司要在这方面形成人才梯队建设，不能让核心技术只掌握在少数人手里。这方面可以借鉴国外企业：一个岗位的人走了，其他人能迅速补充过来。在一个销售团队中，有人的销售业绩达到40%，公司会马上化解这个人的销售额，把化解掉的那部分销售额分给其他业务人员。

最关键一点，做老板的不能太刻薄，要真正关心员工，让他们对企业有归属感。

4.忌规章不明确

俗话说：无规矩不成方圆。一个企业需要一套完整明确的规章制度，才能有序地发展。企业的规章制度要与企业的不同发展阶段相适应。企业在不同的发展阶段会面临不同的阶段性任务，相应地要应对不同的关键性问题。小微企业发展初期，由于企业规模小，其核心问题是解决生存问题，企业必须要能够随着外部环境的变化而迅速调整经营策略和业务行为。在这一阶段，订立过多的规章制度反而会束缚企业的活力和动力。所以在这一阶段，规章制度应体现少而精的特征。

随着企业规模的扩大，企业已经在经营实践中形成了一些行之有效的经营管理经验，企业的核心价值和经营理念也得到了检验和深化。企业在这一阶段，必须要注重以核心价值为基础来确立企业的根本制度，并围绕着基本制度不断完善企业的具体制度。

当企业的规模进一步扩大时，企业已经形成了制定规章制度、用规章制度说话的意识和习惯，大量的规章制度被制定出来。于是，随之而来的问题便是大量的制度冗余，并极易带来官僚化的作风。因此，在这一阶段，要加强制度体系化的建设，要注意制度的梳理和整合，并强调制度的可操作性。

企业的规章制度要与企业所处的法律环境相适应。在市场经济中，企业是自主经营、自负盈亏、具有独立法人资格的组织体，因而赋予企业相应的自治权是必要的，也是必需的。可以说，企业规章制度的制定权就是企业自治权的一种反映。但是，我们必须意识到：企业的自治权具有严格的相对性，我们不能将企业的自治权绝对化，不能将企业看成是经营者的"独立王国"。

企业在发展过程中，会逐渐形成一套基本上不可言传的规则系统——企业文化。这种文化本质上是一种隐性内在契约，因而具有规范性的内涵。虽然它不具备强制力，却可以将企业内部的信息成本和协调成本控制在较低的水平上。良好的企业文化能够增加企业有序化的可能性，并由此构成一个企业的黏结剂。如果企业外生的规章制度能与这些内生的价值观相适应，就能大大减小规章制度的运行成本和阻力。但是，在内生的文化面前，规章制度也并不是不可为的。

规章制度具有极强的价值维特征，它反映着企业员工，尤其是规章制度的制定者所主张的文化观念，并具有很强的内生性，这是因为有效的规章制度常常是从企业的发展经验中演化出来的。许多成功的规章制度往往首先出现于一个受益于某些统一安排的小团体内部，一旦这一规则的益处变得明显起来，该规则就会被更多的人采用，进而上升为整个企业的规章制度，它往往体现着过去曾最有益于该企业的各种解决办法，而移植而来的制度是因设计而产生的，其有效性在很大程度上取决于是否能与企业内在的价值观、文化形成互补。这也为规章制度的移植带来了障碍。因为文化并不是铁板一块的事物，不是一成不变的。文化往往附着于制度的习得，并靠制度而得到巩固。

企业规章制度是帮助企业实现规范化管理的重要工具。是企业为加强劳动管理，在企业内部实施的规范劳动者劳动义务、保障劳动者依法行使劳动权利行为准则。是企业进行人力资源管理的重要依据，不但可以帮助企业实现规范管理运作，而且对企业的正常运营、生产、长远发展有利企业的运作、发展具有重大作用。

企业规章发生相关纠纷时可以作为判案依据使用，作为企业管理者必须要清楚如何使企业制度成为具有法律效力的规章。但在关键时刻，如发生劳动争议时，就会被人抓住在内容或程序方面的瑕疵而否定其法律效力导致企业最终败诉，这种事例在实践中大有所在。

有这样一个例子：一家公司翻译岗位的员工，以用人单位无故将其辞退为由向管辖区域仲裁委提起仲裁，请求公司支付无故单方解除劳动合同的赔偿金。公司的抗辩理由为该翻译岗位员工严重违反企业规章制度，不接受总经理办公室分配的临时工作任务，故予以辞退。而该公司的规章制度中没有具体规定该翻译岗位员工的岗位职责及不接受临时工作任务的处罚规定，故该公司的抗辩理由不能成立。

想制定出明确合理的规章制度，可参考以下建议。

首先，小微企业在制定规章制度时，凡涉及劳动者切身利益的规章制度，必须根据此规定做到"内容合法、民主程序和向员工公示"，否则制定出来的规章制度将是无效的。

其次，小微企业必须要注重对国家政策法律的学习和研究，其内部的规章制度必须要严格服从于国家的各项法律、法规。

最后，企业的规章制度要与良好的企业文化形成互动。在推行合乎企业发展要求的新规章制度前，必须进行充分的引导、教育工作，然后在推行的过程中再不断对其进行强化，这样一来，最初靠强制来发挥作用的、激励和约束人们行为的规章制度就会日益演化成人们潜意识中的行动指南，而原企业文化中的那些不可言传的知识，就会逐渐和新创立的规章制度结合起来并获得调整，从而又形成一套新的、被不同程度共享的文化，再反过来推动规章制度的运行。如此循环往复，直到新规章制度与新企业文化形成良性互动。

5.忌无专业人士

有专业的管理，才有专业的企业。一个企业的管理，离不开专业人士的参与。

一家企业，其能力是否发达，取决于它所拥有的各种经济资源，各种生产要素是否得到有效的利用，取决于从事社会劳动的人的积极性是否得到充分的发挥，而这两种都有赖于管理。在同样的社会制度下，企业外部环境基本相同，有不少企业的内部条件如资金、设备、能源、原材料、产品及人员素质和技术水平基本相同，但经营结果、所达到的生产力水平去相差悬殊。同一个企业有时只是更换了企业主要领导，企业就可能出现新的面貌。其他社会组织也有类似情况，其原因在于缺乏专业人士管理，运用专业素质高的人才采用不同的管理理念、管理制度和管理方法，就会产生完全不同的效果。

在进入 21 世纪后，小微企业管理者身处在一个急剧变化的新时代，面临着一系列新的挑战。中国正在朝着市场经济的道路前进着，市场经济的最大特点是企业的竞争，企业的竞争也就是人才的竞争，就是大浪淘沙，优胜劣汰；只有那些思想保守，不善经营，不懂管理的"南郭先生"不断被新人取代，企业才能充满活力，才能更好地生存和发展。为此，企业人事管理职能部门要积极搞活用人机制，不断深化企业干部人事制度改革，改进干部管理方法，建立健全干部能上能下，能进能出的充满活力的管理机制，拓宽人才视野，从根本上改变用人观念和标准。在这个背景下如何优化资源的配置，如何达到利润最大化，就取决于企业管理者是否对其生产力的拥有者进行更好的管理了。

企业管理人员的专业程度是企业管理的一项重要内容，在整个企业的管理中具有重要地位。随着计算机技术的飞速发展，企业信息化的发展趋势，管理的专业性已经成为企业发展内不可缺少的一部分，是适应现代企业制度要求、推动企业劳动人事管理走向科学化、规范化的必要条件。

企业的兴衰成败，关键在于如何用人。怎样才能用好人，使企业优秀人才脱颖而出，形成人尽其才的局面，对一个企业是否能成为竞争中的佼佼者非常重要。

江铃于20世纪80年代中期在中国率先通过引进国际上最新的卡车技术制造五十铃汽车，成为中国主要的轻型卡车制造商，目前已拥有每年10万辆一流水平的冲压、焊装、涂装、总装制造能力。节能、实用、环保的江铃汽车产品，已经包括了"凯运""顺达"及JMC轻卡、"宝典"皮卡、"宝威"多功能越野车、"运霸"面包车在内的四大系列车型。江铃自主品牌的宝典皮卡、凯运及JMC轻卡系列的销量连续占据中高档市场的主导地位。江铃还将具有性价比优势的汽车打入国际市场，海外销售网络已延伸到中东、中美洲的许多国家是中国轻型柴油商用车最大出口商，被商务部和发改委认定为"国家整车出口基地"，江铃品牌成为商务部重点支持的两家商用车出口品牌之一。

江铃公司十分注重专业人才的培养，充分提供发展的空间，鼓励员工树立终身学习的理念。根据工作需要，公司定期组织大量内、外部培训，同时不定期选送优秀的技术、管理骨干出国培训，或到国内知名高校进行系统培训和深造；员工申请经领导批准后，考取在职研究生毕业时取得学位或毕业证，学费予以报销等优惠政策。

如何培养或寻找专业人士？我们可以通过打造"学习型企业"来实现。学习型企业的创建主要通过如下几方面的工作。

学习型企业的结构强调团队工作和跨越企业边界的网络工作，强调企业内部沟通、联络、信息畅通，鼓励信息共享、系统思考和信息开放、部门之间职责清楚，经相互沟通，强调整体性，全局观念，鼓励员工参与管理。

建立一个能够促进信息获得、加工、共享的信息系统，以利于企业正确认识环境和自身的条件，适应环境的变化发展。

建立培训机制，考评和报酬相挂钩。企业的开发和培训项目强调促进持续学习，使员工成为企业有竞争力的因素。企业每年为员工提供定期的脱产培训，管理者和经理应成为训练有素的培训教员。

学习型企业拥有强文化以促进开放性、创造力和试验精神。鼓励员工获得、加工和共享信息，培养员工的创新意识，尝试新事物、冒险精神以及从错误中学习。

学习型企业的领导者要主动关注企业学习，带头学习新的知识、技术、观念、方法，进行创新实践，带头革新开放，向企业提供远景，并带领员工实现远景。

企业应建立教育培训的常设机构，利用本企业沉淀的丰富知识、技术创新经验，企业文化作为教科书，为员工提供经常学习的组织保障。

6.忌唯我独尊

当今小微企业经营者，多为大学生创业者，他们自高自大，唯我独尊，觉得自己学历高能力强，不把别人放在眼里。

在这个知识经济时代，企业管理者的素质成为企业成败的一个要素，单纯的思想教育和简单粗暴的命令式控制型管理体制已显然落后于时代的发展。现代企业越来越重视人性化管理的实现，人本管理也越来越成为企业的共识。现代企业制度以产权清晰、责权明确、管理科学为其主要特征。

我们认为通过集体决策和团队式管理，比等级制度下直线职能管理要更加合理、有效。管理者是被任命的，他们拥有合法的权利进行奖励和处罚，其影响来自于他们所在的职位所赋予的正式权力。相反，领导者可以是任命的，也可以是从一个群体中产生出来的，领导者可以不运用正式权力来影响他人的活动。而是通过适当的途径把自己的管理理念注入企业文化中，使企业在其成长的过程中不断生成浓厚的文化底蕴，形成独特的企业理念，在企业理念的指引下，让员工们有一种归属感。在理想的情况下，所有的管理者都是领导者。领导者是那些能够影响他人并拥有管理权力的人，他首先是一个观念的先行者，其次才是一个权力的拥有者。

领导者与下属的高绩效和高满意度之间有着显著的相关性。俗语讲，强将手下无弱兵，一个高素质的领导者是一个拥有较高威信和较大智慧的人，他懂得如何授权于下属，如何合理地分配工作，让下属明白领导的意图并很好地去执行。同时，他也一定是一个善解人意，懂得尊重人爱护人的人，他知道在恰当的时间和合适的场合巧妙地表达自己对部下的满意之情，以激励下属努力工作。

在企业里培养领导者——领导者的品质。一个企业应该由一个组织得当、各得其所的领导班子来管理。领导者和领导班子一道工作来管理企业，要比等级制的、命令控制型的结构效率更高。领导者能提出振奋人心的目标，并拥有统一目标的追随者或员工，总之，一位领导者应该是可信赖和受尊敬的。领导者和被领导者之间的相互信任形成双向交流，使他们能够实现共同的目标。

科龙电器股份公司总裁顾雏军，具备领导的基本素质——大度。一是因为收购科龙前，他并不知道科龙电器股份公司和容桂镇政府有12.6亿元的关联交易。他了解后，并没有埋怨和闹事，没有像同在顺德的某些上市公司，和政府互相谩骂。二是在科龙中层干部会上，顾雏军发表了讲话，他说：科龙还将以原科龙人为主，原则不会用空降兵，只要员工能跟得上他的思路，对企业忠诚，企业也会忠诚于员工，科龙将在人员素质上进行内部挖潜改造。

科龙的人性观念很强，与海尔的军事化管理相去甚远。讲人性很容易就变成讲人情，怎么去把握和控制，是对顾雏军的考验，因为人情是一种力量，把控不好就会有很大的副作用。在这种文化的磨合中，有些中层干部还是非常清醒地看到了资本的力量。他们认为，科龙已换了三代领导人了，每一个领导的方式都不一样，必须学会适应。所以，科龙人也希望在这种磨合中，尽快适应顾雏军的旋风式的速度。

身为管理者，面对形形色色的下属，其中不乏能力强的人，要学会大度与宽容。如果管理者无法容忍下属的小缺点，对于员工的某个缺点横加指责，便等于无法用其所长。

《宋史》记载，有一天，宋太宗在北培园与两个重臣一起喝酒，君臣相谈甚欢，聊着聊着，两位大臣喝醉了，他们在皇帝面前相互比较起功劳来，因为谁都难以说服对方，最后竟斗起嘴来，全然忘了应有的君臣之礼。侍卫觉得这两个臣子实在太过放肆，便奏请宋太宗，要将这两人抓起来送吏部治罪。宋太宗非但没有这么做，反而派人把两位烂醉的大臣送回了家。第二天，酒醉的两位大臣睡醒后，对于前一天的失态之举惶恐万分，他们连忙进宫请罪，看着他们战战兢兢的样子，宋太宗只是淡淡地说："昨天我也喝醉了，记不起这件事了。"

管理者对于不符合自己价值观的想法和行为持有包容的心态，体现了管理者的品质涵养，传达了古人"以德治国"的管理理念，对于那些不拘于传统、性格特立独行的员工，宽容的管理者更易于与他们和谐相处，而这些员工往往是创新型人才的来源，对公司的发展发挥着重要作用。

一个企业经营者应该具备哪些个人修养呢？

行动上要正直。正直是通过存在和全身心的力量把诚实融入思想和行动，只有这样才可以说这个人是彻底正直的。一个优秀的企业经营者应该对员工说真话，如果没有其他原因的话，至少说真话是最简单的。

为人要公正。我们经常听到下属私下的抱怨就是上司某种形式的不公正。上司要办理某件事，就随意使用手中的权力。在下属看来，某些在规定的要求期限内无法完成的工作是不必要的或者说是不可能做到的。

要乐于倾听。倾听看起来似乎是不重要的事，但是事实告诉我们，这很重要。我们工作中有80%要靠倾听别人说话或者别人听我说话。在命令型的公司里面，很大一部分领导者不能很好地倾听意见。他们甚至进而不听那些能够提供有价值信息的人，但是避而不听就会使员工泄气，下一次他即使有更有价值的信息也可能不会说了。

举止要谦虚。傲慢、目中无人和自高自大对领导来说是有害的。企业经营者绝不能虚伪地谦虚，要在举止中做到谦逊，言谈举止符合一个管理者的身份，而不是装模作样。企业经营者是团队的教练、指导，同时也是一个仆人。一个成功的老总所创造的环境也应该是谦逊的、宽容的，如同他们自己的举止一样。

三、财务篇

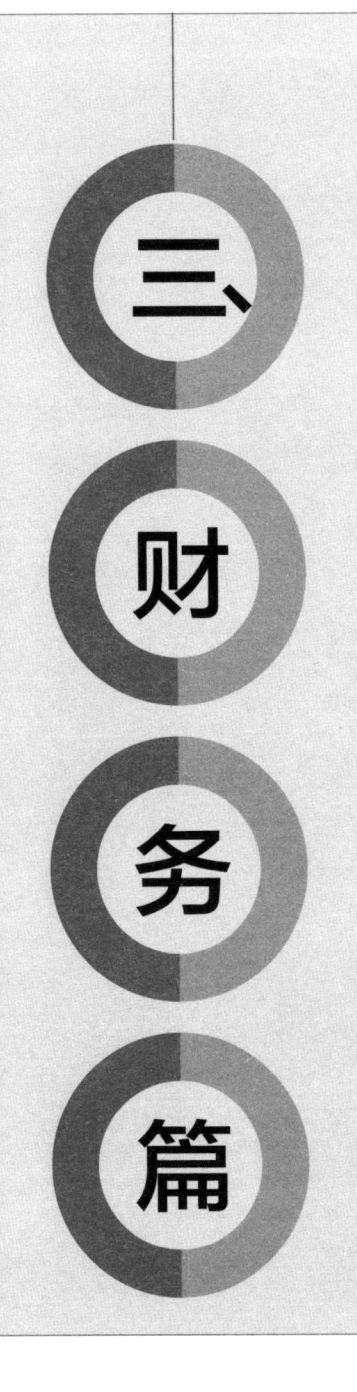

1.忌财务规划不清

　　财务规划是指为了达到财务安全的目标，为将来而设计但现在就开始执行的一系列财务对策。科学的规划可以让您顺利地达到各项财务目标。财务规划主要包括筹资规划、投资规划、收益规划和财务风险控制等方面的内容。对于创业者来说，创业是一个充满激情却布满荆棘的艰辛之路，能否获得预期收益，怎样获得创业资本，如何运用所获资本，怎样建立财务内部控制制度，如何核算经营成果和财务状况，怎样避免风险等问题都会不约而同地出现在创业者面前。

　　大学生创业是一个发现和捕捉机会并由此创造出新的组织且由它提供新颖的产品或服务以实现其潜在价值的过程。创业的目的是为了获得相应的回报，因此就必须承担相应的风险，而财务风险则是其中最主要的一个方面。创业要成功就要防范和回避风险，因此，创业者必须掌握一定的财务规划方法才能取得创业的成功。

　　大学生创业初期遇到的财务危机在大学生创业初期，由于经验欠缺、能力不足、意识偏差等原因，导致创业成功率明显偏低。特别在财务规划方面的瓶颈问题越来越严重。大学生创业初期遇到的财务危机主要有：财务生存危机，财务决策危机，财务控制危机，财务战略危机。

　　财务生存危机主要表现在现金流不通畅，如现金流入少而且可能未上到公司账上、现金流出量大而且有可能不应由公司来承担；公司缺乏基础的财务制度，个人说了算、财务对人不对事情况严重等；财务决策危机主要表现在财务评价与财务激励不当、决策用的会计信息不全、财务决策的主观性和随意性较强等；财务控制危机主要表现在缺乏财务风险的控制，没有准确的财务预测和合理的财务预算控制；财务战略危机主要表现在财务战略的制订及其与企业发展战略不相匹配的企业财务风险的影响因素诸多，既有企业外部的原因，也有企业内部的原因。而且不同的财务风险形成的原因也不尽相同。

　　具体来说表现在：企业财务管理的宏观环境复杂多变，财务管理系统不能适应复杂多变的宏观环境；企业财务管理人员对财务风险的客观性认识不足；财务决策缺乏科学性导致决策失误；企业内部关系混乱；不协调、不注重无形资产的培育与提升等。

当年，雷曼兄弟公司在利润最大化的财务管理目标指引之下，开始转型经营美国当时最有利可图的大宗商品期货交易，其后，公司又开始涉足股票承销、证券交易、金融投资等业务。1899—1906 年的 7 年间，雷曼兄弟公司从一个金融门外汉成长为纽约当时最有影响力的股票承销商之一。其每一次业务转型都是资本追逐利润的结果，然而，由于公司在过度追求利润的同时忽视了对经营风险的控制，从而最终为其破产埋下了伏笔。

雷曼兄弟公司破产的原因，从表面上看是美国过度的金融创新和乏力的金融监管所导致的全球性的金融危机；但从实质上看，则是由于公司一味地追求股东财富最大化，而忽视了对经营风险进行有效控制的结果。对合成担保债务凭证（CDO）和信用违约互换（CDS）市场的深度参与，而忽视了 CDS 市场相当于 4 倍美国 GDP 的巨大风险，是雷曼轰然倒塌的直接原因。

现在，"现金为王"的概念，逐渐为人们所接受，也有更多的典型企业作为案例时刻给我们敲着警钟。因此，投资的预测和筹资的节拍对企业来说是至关重要的，而这些，也都是企业财务部门通过自己的"管理"工作才能够实现的。

想做好财务规划切记以下几点。

通过认真分析财务管理的宏观环境及其变化，提高企业对财务管理环境的适应能力和应变能力。建立和不断完善财务管理系统，以适应不断变化的财务管理环境。即是说，应制定财务管理战略。面对不断变化的财务管理环境，企业应设置高效的财务管理机构，配备高素质的财务管理人员，健全财务管理规章制度，强化财务管理的各项基础工作，使企业财务管理系统有效运行，以防范因财务管理系统不适应环境变化而产生的财务风险。

不断提高财务管理人员的风险意识。应通过会计政策和会计策略来解决现阶段和未来的企业财务风险问题。而财务风险存在于财务管理工作的各个环节，任何环节的工作失误都会给企业带来财务风险，财务管理人员必须将风险防范贯穿于财务管理工作的始终。

寻求一个技能相对较高的财务负责人或者主管，来指导或训练手下的那些薪酬相对低廉的新手，逐渐培养自己的财务管理队伍，建立自己的企业财务管理重要性模式。必要的时候，寻求外脑的支援和帮助。通过咨询过程中的充分沟通与协作，企业自身的财务队伍也会得到提高和锻炼。

总之，一个企业，无论目前的规模、经营的交易，还是当期的收益或者未来的预期，最终都会落脚在一个"钱"字上。因此，财务部门不仅能够也应当把钱算好，更要管好。而这个管好，就是企业财务管理的重要性工作。

2.忌资金不足

资金是企业的血液。任何一个企业的运营都离不开资金的支持，尤其是刚刚起步的小微企业，其资金获取渠道较少，很容易出现资金断链。

有的小微型企业由于欠债多，导致其信用评级下降，无法利用商业关系和社会关系筹集企业发展扩大所需要的资金。很多小微型企业对贷款需求急，频率高，但是需求金额较小。再加上小企业本身的不稳定性，信用风险大。由于小企业管理制度不完善，对贷款管理成本和交易成本高，这些都不利于小微型企业的融资。

国内金融机构对小微型企业的贷款差别很大，目前包括金融租赁、信托投资等非银行金融机构在内的各类金融机构中，民生银行、城市信用社、农村信用社和城市商业银行等中小金融机构提供的贷款比重较高，而四大国有商业银行中，除中国农业银行向中小企业贷款比重较高外，其余三家银行贷款份额均较小，非银行金融机构融资性业务服务比例更低。

那么，造成小微企业资金不足的原因有哪些呢？我们一一说明。

首先，小微型企业获得的信贷支持少。据调查发现，我国私营企业只有很少一部分能获得银行信贷支持。全国乡镇、个体私营、"三资"企业的短期贷款占银行全部短期贷款的比重也不足20%。小微企业的贷款服务需求得不到满足或只得到部分满足。资金不足始终困扰着企业的发展。

其次，小微企业直接融资渠道狭窄。由于我国证券市场对企业资本要求高，小微型企业创业投资体制不健全，证券市场对小微型企业要求的门槛高，因此，小微型企业很难通过进入证券市场筹集资金。中小企业对金融机构的资金依赖程度高，小微型企业获取外部资金除了通过金融机构外，民间贷款也是重要的资金来源。

再次，小微企业自有资金缺乏，融资体制不健全。受我国历史因素的影响，社会主义市场经济制度发展不够完善，体制不够健全。小微型企业从无到有、从小到大、从弱到强，企业的发展变强主要是依赖自身的资金积累、内部的留存收益。但是由于企业规模较小，自身的积累和收益较小，这部分资金无法支撑企业的发展壮大。

最后，小企业对贷款需求急、频率高、风险大。小微型企业普遍规模较小，资金积累不足，大多数属于劳动密集型产业，企业缺乏科学的资金筹集体制，管理人员素质比较低，经营资金能力不强，缺乏融资意识，对企业资金风险的控制能力差。

三洋纸业创业初期购买的生产设备，效率低，无论工人如何加班加点，订单总是"吃不完"。为了提高产能，2010年高峰花了200多万元，从生产包装机械的昌昇集团买了一台高速印刷机。从此，"吃不完"的订单忽然变得"不够吃"了。高峰想得到大客户更多的订单，但大客户给订单的前提是，三洋纸业必须上一条生产线。上一条生产线，要投入1000多万元，哪里去找这笔钱？高峰把困扰告诉给了提供生产线的昌昇集团老板，"可以做啊，金融租赁公司就能帮你解决。"昌昇集团老板的话，让高峰将信将疑。

三洋纸业所处的印刷行业，是江苏金融租赁业务发展中，与医疗、教育行业三足鼎立、具有较强优势、业务规模和竞争力均居国内同行业前列的业务领域，而昌昇集团又正好是与江苏金融租赁合作多年，拥有可以将自己收集到的有融资租赁意向的客户信息，通过初步甄别和提供担保，直接向江苏金融租赁公司提供客户资源的重要供应商之一。

于是，三洋纸业只是在江苏金融租赁支持下迅速发展起来的众多小微企业的微缩样本。

解决资金不足问题，具体可以参照以下方法。

熟悉企业融资业务营销模式。小微企业融资业务营销及开展方面普遍适用的模式有两种，一种是单户营销，另一种是区分不同业态商业集群进行批量开发。两种开发或营销模式不存在优劣之分，只有适合与否、可操作与否之分。单户营销或介入模式俗称"散单"，是小微企业融资业务发展的基本方案，但对于"零售业务批发做"的小微企业从金融营销及发展思路来讲，立足于集群项目进行批量开发的模式更容易把小微企业金融做大做强。

个人创业贷款。商业银行和有关部门对符合贷款条件的个人发放满足其融资需要的指定用途贷款，其用途限于个人创业投资。个人创业贷款2015年在上海发端，现已被迅速推广到浙江、四川、安徽、河南、广东、深圳等全国大部分地区。个人创业贷款融合了公司金融和个人金融的特点，其用途不是用来消费，而是用于经济实体的经营和运作，从而为个人创业提供了有效的融资渠道。

特许加盟。特许经营是指特许者将自己所拥有的商标、商号、产品、专利和专有技术、经营模式等以合同的形式授予被特许者使用，被特许者按合同规定，在特许者统一的业务模式下从事经营活动，并向特许经营者支付相应的费用。现阶段连锁经营已成为一种引领市场潮流的营销模式。目前，很多银行也积极参与特许经营，为创业者提供贷款，这种助业贷款可以达到一举三得的效果：银行的信贷资金可以获得比较安全的投放渠道；借款人通过银行贷款可以达到投资创业的目的；企业达到了销售自己产品的目的。

俗话说，背靠大树好乘凉。有许多大公司为了扩大市场份额，纷纷选择连锁经营的方式来扩充自己，为了有效而快速地扩大连锁经营的覆盖面，他们广泛吸收个体业主加盟经营。为此，他们常常会推出一系列优惠待遇给加盟者，这些优惠待遇或是免收费用，或是赠送设备等，对缺乏资金的创业者来说，等于获得了一笔难得的资金。

合伙入股。创业社会化是一种趋势，由于一个人势单力薄，所以几个人凑在一起有利于创业投资，合伙创业不但可以有效筹集到资金，还可以充分发挥人才的作用，并且有利于对各种资源的利用与整合，合伙投资可以解决资金不足。

在经营活动中，经常会出现一些亏损企业，这些亏损企业你可以接手过来，然后作为抵押物向银行贷款变现而获得创业资金。当然，这种筹资方法风险比较大，获得创业资金的代价是要承担一大笔债务。但是，创业本来就是风险和机遇并存的，如果你有足够的胆识和能力，那么，这种融资的办法将能帮助你在更短的时间内更快地走向成功。

3.忌财务管理混乱

民营企业，尤其是民营小微企业经常出现财务管理问题，例如，会计基础工作薄弱，财务管理信息化落后，财务预算流于形式，财务管理制度与内部控制制度不健全等，造成企业财务数据失真，财务核算不准确，财务舞弊现象多，资金利用效率低，无内部稽核程序，财务管理混乱。

目前，不少小微企业会计账目不清，信息失真，财务管理混乱；企业领导营私舞弊、行贿受贿的现象时有发生；企业设置账外账、弄虚作假、造成虚盈实亏或虚亏实盈的假象，等等。究其原因，一是企业财务基础薄弱，会计人员素质不高，又受制于领导，无法行使自己的监督权；二是企业领导的法制观念淡薄，忽视财务制度、财经纪律的严肃性和强制性。

对现金管理不严，造成资金闲置或不足。一些小微企业领导人认为，现金越多越好，预留比例太高，好多资金并没有真正参与生产经营，造成资金闲置，未参加生产周转；还有些小微企业过多购买不动产，无法应付经营急需的资金，经常陷入财务困难；有些小微企业的资金使用缺少计划安排，片面考虑到季节价格波动，过量购置不动产，无法应付经营急需的资金，陷入财务困境。

另外，小微企业应收账款控制不力。应收账款的控制不力造成资金回收困难，如好多企业只知道大量生产，并没有建立一套严格的赊销制度，应收账款回收期过长，又缺乏有力的催收制度，应收账款周转缓慢，时常形成呆账、死账，造成资金损失。是应收账款周转缓慢，造成资金回收困难。原因是没有建立严格的赊销政策，缺乏有力的催收措施，应收账款不能兑现或形成呆账。

企业财务混乱的原因主要有这几种情况：公司各部门没有设立财务机构，或者岗位责任不清晰，财务人员不具备专业财务技术；对企业资产进行任意评估；没有健全合理的财务会计制度，不能按规定定期结账和处理日常事项；公司账目混乱，财务数据失真现象普遍，账目不符。

要解决好上述问题，必须加强财会队伍建设，对财会人员进行专业培训和政治思想教育，增强财会人员的监督意识。加强全员素质教育，首先从企业领导做起，不断提高全员法律意识，增强法制观念。只有依靠企业全员上下的共同努力，才有可能改善企业管理状况，搞好财务管理，提高企业的竞争实力。加强财务监控与管理是实现企业效益转变的必然选择，也是企业实现长足发展的必由道路。

由于财务管理混乱导致效益连年滑坡，1999年第一季度起，某有限公司的化油器车间出现严重亏损，成为该公司最大的亏损产品。经过慎重研究，公司决定以原化油器车间为基础，成立有限公司化油器厂，成为公司的投资企业。化油器厂是经工商行政部门注册登记的相对独立经营的非法人机构，实行风险承包，具有较大的经营自主权，厂长公开招聘。为了搞活机制、扭亏为盈，该公司对化油器厂加强了财务监控。

具体做法为：实行财务主管委派制；实行目标管理，强化考核指标体系；实行全面预算管理；实行财务主管考核制度。

处理企业财务混乱的一般方法：

（1）重视财会工作。创业者要选派思想素质好、责任心强、业务水平高的人员充实财务班子，并且更新观念，树立财务管理的新观念，增强财务管理意识。

（2）提高财会人员的业务素质。财务管理人员不仅要懂得会计核算，更重要的是要善于理财，即如何发挥财务管理的职能。

（3）构建资金管理体制。建立有序的资金循环机制，强化资金管理，集中调度，有偿使用，内部使用资金模拟银行结算，保持合理的筹资结构，适度负债经营，力求降低筹资成本和筹资风险，保持良好的融资信誉。

（4）资金构成合理化。采取机动、多变的结算方式，加大财务部门对资金运筹的调控力度，监督以货币回笼为中心的销售责任制的实施。

（5）加强投资管理。多方收集企业外部的有用信息，主动研究市场，自觉参与企业投资项目的测算论证，加强长期投资的可行性研究，树立投资回报观念。

（6）加强资金补偿积累。合理制定税后利润分配政策，将利润尽可能用于企业扩大再生产。

（7）加强成本费用管理。财务部门要发挥自身拥有大量价值信息的优势，运用量本利分析法，合理测定成本最低、利润最大的产销量，减少无效或低效劳动。

（8）财务管理预算化。企业决策执行机构按照财务预算的具体要求，按季分月滚动下达预算任务。财务部门按照预算方案跟踪实施财务控制和管理，严格执行各项财务政策，及时反映和监督预算的执行情况。

综上所述，小微企业的管理中，财务管理制度的好坏直接决定企业财务的经营管理水平。良好的财务管理可以提升企业竞争管理地位，加强企业自身财务经营发展标准，促进小微企业在市场经营发展中的稳定发展。加强财务管理，提升小微企业的融资和投资的准确性，保证企业财务管理有效稳定的提高，有利于小微企业在激烈市场竞争中提升自身品质。

4.忌股权不明

股权就是指投资人由于向公民合伙和向企业法人投资而享有的权利。向合伙组织投资，股东承担的是无限责任；向法人投资，股东承担的是有限责任。所以二者虽然都是股权，但两者之间仍有区别。有两个以上创始人的企业，必须要明确股权问题，否则就会造成股东的内部矛盾，致使公司瓦解。

股权问题无疑就是做好股权分配，股权分配原则——公平，而且要是可感知到的公平，比真正拥有大的股份更有价值。在一个创业公司，几乎所有可能会出错的地方都会出错，而且会出错的问题当中最大的问题是创始人之间巨大的、令人气愤的、吵到面红耳赤的关于"谁更努力工作"的争论，谁拥有更多股份、谁提出的想法，等等。这也是我们总会与一个合作伙伴五五平分一个新公司的股权，而不是坚持自己拥有60%的股权，因为"这是我的想法"，或者因为"我比你更有经验"，或者任何其他原因。为什么呢？因为如果把股权拆分为四六分，公司将在创始人不断争吵当中走向失败。我们永远也无法知道正确的股权分配比例，我们还是像哥们儿那样五五平分，那么将继续是朋友而且公司将生存下去。

近几年来，随着我国经济的发展，一大批企业不断成长并进入了新老交替的阶段，笔者在以往的咨询服务过程中，发现大量的企业面对着长期激励的问题。尽管企业分布所属的专业不同、历史背景、资本结构不同、地域、规模等，其长期激励特别是基于股权安排的长期激励也是千差万别。从我们协助客户进行的长期激励和股权激励案例看，最难的是股权设计对企业长期发展与历史旧账之间度的把握。

常见的现象是情理法顺序形成的股权结构设计，很容易出现工龄优先，忠诚次之，职位等级再次之，个人贡献最后考虑的现象，分配的原则也出现大锅饭，大平均的现象。由此形成的问题是被激励对象难以感到激励的效果，有拿到股权照样跑的，有感到不公平辞职的。另外，在股权设计时，由于结构设计没有形成动态机制安排，形成股份逐步稀释到外部，并最终形成对公司股权结构的潜在威胁的现象。面对这些问题，许多公司感到非常困惑，企业花了大力气和大投入的结果却很不尽人意。

我们来看一则案例。

北京长城华冠汽车科技有限公司一直将股权激励作为吸引、留住人才的方式，保持核心员工离职率在10%以下，快速成为汽车设计行业的领军品牌。

这个由研发团队白手起家创立的公司成立之初做了一个看似与创业无关的事情：分股权且实名持股。陆群持20%，创始团队其他5个人各持10%。他们当时分股权给员工做了件很"时髦"的事情：股权激励。但是，这种自发的口头协议式的原始股权分配方式没有对股价的制定、分配和退出做书面规范，为企业日后的发展留下一丝隐患。

于是在几年后，当时作为长城华冠副总裁的邱玉华受命主导设计了全新的股权激励方案，根据公司增资之前审计和评估后的净资产值，每股折合多少钱，激励对象按照同样的折股比例对公司进行增资购买股份，这就是股权来源。

这两个来源是首要问题，更重要的是激励对象的选择。股权激励的核心依然是人，在激励的同时也是对人的约束。选择激励对象时，首先根据汽车研发特点和流程，重新定义重要岗位的员工，划出两条线三个维度。一条管理线，一条技术线。三个维度则包括历史贡献，即在公司服务的时间长短；二是职级，不同职级的人对公司的价值和作用不一样，分配系数也就不一样；三是绩效，只有完成绩效考核目标的人才能拿到完整的股权。经过调整，持有股份的自然人股东增加到70多人，接近长城华冠总人数的1/3。

事实证明，这是一次科学有效的股权激励。在金融危机引发的汽车行业"寒冬"里，长城华冠的员工流失率明显低于同行业平均水平，核心骨干员工没有一人离开。因此，当管理层团队在2012年回购股权后，之前的方案沿用至今。

所以，我们这里要指出，一个企业股权设计需要关注的一些要点。

首先，股权设计合理性应以公司持续发展为根本。股权设计是为了公司未来发展得更好，突破体制、机制的制约，因此未来能够给公司带来重大贡献的人才都应该在股权设计中给予重点考虑。至于历史贡献人才，更多地以目前利益的兑现为主要激励方式。

其次，股权设计应以公司股东的长期利益为出发点。股权设计不是瓜分历史利润，也不是"最后的晚餐"。股权设计更应该考虑未来竞争激励的情形下合理的股权结构才是最适应那时竞争的需要。因此，股权更注重于长期利益，而不是短暂的利益分配。

股权分配原则：

（1）出资：根据项目的需要费用，大家进行出资；

（2）核心股东：一定要有核心股东，要占比较大的比例，超过50%；

（3）合伙人的优势，包括资金、专利、创意、技术、运营、个人品牌；

（4）考虑创始人在创业过程中各个阶段的作用：每个不同的阶段，每个人发生的作用要科学地评估和合理地预估；

（5）有明显的股权梯次：尽量彼此之间的股份不要太接近，可以811、721或631之类的。

再次，股权设计应体现设计单位人力资本为重的原则。特别是在当下激烈的人才竞争状态下，有人才就有市场竞争力。资本并不是竞争的关键因素。所以在股权设计时不仅要考虑现有人才之间股权的合理分配，更要考虑未来人才的进入，未来人才也应在股权设计中有所考虑。

最后，股权设计应维护公司职工的安定团结。许多企业由于历史旧账，企业文化中有较多的不适合企业长期发展的旧机制，具体包括国有体制或机制的影响、旧有的组织架构、岗位设置还是薪酬机制、企业文化等，股权设计绕不开这些方面的影响，因此股权设计既要考虑未来，也要考虑目前维护公司的内部团结。

5.忌薪酬分配不合理

很多小微民营企业老总总是抱怨自己的员工工作不稳定，辞职的很多，没有全心全意为了企业而工作的，这一点，是很多小微民营企业头疼的问题。我们不难想到这是薪酬管理出了问题，一个不健全的薪酬管理制度的存在会影响到公司今后的发展，每个人都是为了生活而工作的，很难说工作不是为了赚钱。

大多数民营小微企业都未建立合理的薪酬制度，薪酬制度的缺失往往影响人力资源各个制度的有机结合，不能充分发挥企业人力资源各个制度的功能，甚至发生矛盾，从而大大影响企业人力资源管理效果。

有些企业老板仅凭谈判情况与以往经验定夺员工的薪资标准，缺少科学性，致使企业员工薪酬标准不统一，在进行薪酬决策时，主观因素作用大，没有科学依据。究其根源主要有两方面：第一，民营企业尚没有认识到要建立薪酬制度的必要性。第二，企业缺乏专门从事人力资源管理的专业人员。对人力资源的管理大部分是由非专业人员进行，其结果是力不从心。

企业薪酬一般由基本工资、绩效工资、奖金和津贴等部分组成。在一些小微民营企业中，往往对福利缺乏足够的重视。

企业员工在薪酬方面会有不同需求，薪酬要素结构不合理往往影响企业的薪酬体系在运行过程的灵活性，无法形成对员工的短、中、长期激励效果。甚至在很多中小民营企业，没有进行自助福利的设计，致使激励效果很差。有些企业绩效工资比例过低，而固定工资比例过高，影响了薪酬激励作用的有效发挥。

绩效工资制是小微民营企业普遍采用的形式，但实际上员工的工资没有真正同员工的绩效结合。由于缺少科学合理的绩效评价标准，无法对员工的工作贡献进行科学准确的衡量，薪酬与绩效不相匹配导致员工工作效率下降，大大减弱薪酬的激励功能。

另外，小微民营企业薪酬制度缺乏长期激励机制，一些中小民营企业管理层往往难以摒弃"重物质，轻人力"的观念，认为员工的高付出劳动都能通过即时高薪酬补偿，认识不到人力资本的增值潜力，忽视人力资本长期投入，薪酬制度缺乏长期激励机制。

在房地产行业蒸蒸日上的市场经济中，建材行业的市场也日渐红火起来，L公司便是在这样的经济背景以装修装饰公司的身份起家。

L公司薪酬满意度现状调查中显示有80%的员工对薪酬状况不满意，其中生产车间工人占到70%左右，销售人员占30%。

L公司的薪酬结构公司没有切实明确的薪酬制度，人员薪酬主要分3个部分：①一般生产车间员工采用岗位工资加计件工资的薪酬形式；②管理人员按职务高低支付工资，有全勤奖金，考勤是考核的唯一因素，没有其他考核内容；③销售人员按年销售额提成，加上一定的基本工资。

该公司现阶段实行"以岗定酬"的薪酬管理体系，即按员工所属岗位确定薪酬。各岗位薪酬固定，无上下浮动范围，员工考核的唯一凭借便是考勤，并未与员工岗位绩效挂钩，既不会因业绩突出收入上升的情况，也不会因业绩低而导致收入下降。基层员工薪酬构成过于单一，完全与公司效益脱节。这种薪酬体系缺乏激励机制，且对同岗薪资面言，平均主义思想严重，有点吃"大锅饭"的现象，随即产生想留的人留不住，不想留的人一个也不走；严重影响员工工作积极性。

对薪酬管理的建议：

（1）提供有竞争力的薪酬。为员工提供有竞争力的薪酬，使他们一进门便珍惜这份工作，竭尽全力，把自己的本领都使出来。支付较高工资的企业最能吸引并且留住人才，尤其是那些出类拔萃的员工。较高的报酬会带来更高的满意度，与之俱来的还有较低的离职率。一个结构合理、管理良好的绩效付酬制度，应能留住优秀的员工，淘汰表现较差的员工，即使这要求公司付出可观的重置成本。

（2）参与薪酬制度的设计与管理。通过国外公司在这方面的实践结果表明：与没有员工参加的绩效付酬制度相比，让员工参与报酬制度的设计与管理非常令人满意且能长期有效。参与报酬制度的设计与管理是在报酬的激励作用减弱时能够恢复其作用的一种重要方式，员工在报酬制度设计与管理一级的更多参与无疑有助于一个更适合员工的需要和更符合实际的薪酬制度的形成。

（3）实行基于技能的工资。基于个人或技能的评估制度以员工的能力为基础确定其薪水，工资标准由技能最低直到最高划分出不同级别。基于技能的制度能在调换岗位和引入新技术方面带来较大的灵活性，当员工证明自己能够胜任更高一级工作时，他们所获的报酬也会顺理成章地提高。此外，基于技能的薪资制度还改变了管理的导向，实行按技能付酬后，管理的重点不再是限制任务指派使其与岗位级别一致，相反，最大限度地利用员工已有技能将成为新的着重点。这种评估制度最大的好处是能传递信息使员工关注自身的发展。

（4）重视内在报酬。对于知识型的员工，内在报酬和员工的工作满意感有相当之大的关系。因此，企业组织可以通过工作制度、员工影响力、人力资本流动政策来执行内在报酬，让员工从工作本身中得到最大的满足。这样，企业减少了对好的薪资制度的依赖，转而满足和推动员工，使员工更多地依靠内在激励，也使企业从仅靠金钱激励员工，加薪再加薪的循环中摆脱出来。

6.忌财务管理不专业

财务管理是企业管理的一个组成部分，它是根据财经法规制度，按照财务管理的原则，组织企业财务活动，处理财务关系的一项经济管理工作。简单地说，财务管理是组织企业财务活动，处理财务关系的一项经济管理工作。

小微企业主经营理念落后。小微企业管理最典型的模式是所有权与经营权的高度统一，企业的投资者同时就是经营者，在这些企业中，企业领导者集权现象严重，所有者凭借经验和感觉进行管理，往往把追求利益最大化作为财务管理的最终目标。小微企业主通常只关注产品的销量，只要销量持续增长，收入不断攀升，企业就容易忽视财务管理，单纯把财务人员当成记账人员，而没有把财务管理上升为管理手段来认识，这样一来，财务管理方面的问题就不会暴露出来，矛盾也不会很突出。然而，企业经营一旦出现问题，致使资金周转不灵甚至严重亏损，就无法立即运用财务管理工具化解危机，可能使企业蒙受重大损失，甚至面临破产的危险。

小微企业财务人员业务水平低。绝大部分小微企业财务人员未接受过系统化、专业化的知识教育，真正的财务专业人员大多不愿到小微企业工作，很难为管理层提供有效的财务信息。企业财务人员对《会计法》和财务管理知识了解不多，依法理财的观念淡漠，整体素质不高，与社会新形势下各种先进的管理方法脱节，处理会计业务马虎粗放，分录不准确，记载不清楚，"糊涂账""流水账""包包账"较多；核算乱，工作停留在账表处理等日常业务上，不高标准要求核算工作，参谋、监督作用发挥不到位；原始凭证内容不规范，甚至存在打"白条子"现象，账务工作缺乏严格的纪律性，如结账不及时、报账不按时，甚至不记账等。

南京仁杰电子公司是一家成立于1995年的私营企业，注册资金300万人民币。该电子公司的经营范围是代理国内和国际品牌的通信产品，属于商品流通单位，也负责对终极用户的安装。

这个公司财务部有4名会计。虽然公司的会计人员很少，但他们的财务工作却对整体公司的运作起了强大的约束作用。南京仁杰电子公司推行的是"人人参与财务管理"的模式。在公司的走廊以板报的形式，由财务人员每天按照合同的具体条目更新现金回收状况。它的出现，引起了公司每个人的关注：业务人员经常来查对，讨论并通过它来跟进自己负责合同的收款进度；主管也可以通过它来获得对二级经销商回款情况的估计。这样，每个人都可以从这里获得重要的信息。在公司，应收账款在收回前只不过被看成是一项市场费用，如果还没有收到货款，就不能算销售已经完成，也没有客户满意度而言，当然也不会给相应的销售人员支付佣金。"人人参与财务管理"的模式，极大地调动了销售人员的积极性，杜绝了销售人员只管签订合同而不管实际收款的情况。

如何使自己的财务团队专业化？

增强财务管理观念。小微企业主首先要解放思想，更新传统观念，

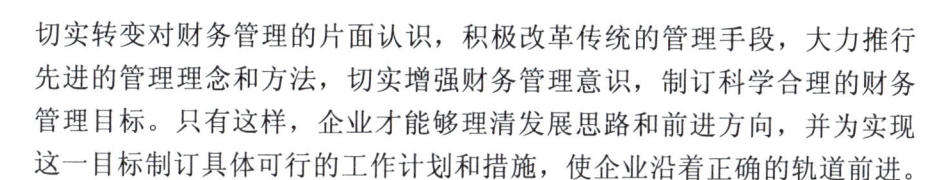

切实转变对财务管理的片面认识，积极改革传统的管理手段，大力推行先进的管理理念和方法，切实增强财务管理意识，制订科学合理的财务管理目标。只有这样，企业才能够理清发展思路和前进方向，并为实现这一目标制订具体可行的工作计划和措施，使企业沿着正确的轨道前进。

提高财务人员综合素质。小微企业的财务管理人员大多没有财务风险方面的专门知识，对他们进行培训是十分必要的。同时，小微企业财会人员素质低，应加强财会人员的专业知识培训，扩充知识结构，不断提高会计人员业务素质，当好单位负责人的会计参谋；深入基层，掌握本单位生产经营活动的实际情况，利用自己掌握的财会知识，提出合理的建议和意见；强化财会人员的法制观念，提高其法律自我保护意识；强化会计职业道德教育。

选择恰当的财务管理方式。小微企业应立足自身实际，选择、运用恰当的财务管理方式。例如，在网络技术十分发达的今天，可用现代信息技术或专业软件实现对财务的科学管理。如果企业规模较小，没有实现会计电算化的实力，也可以借助外力，通过外聘人员或借助财务外包提高财务管理质量。尤其是财务外包可有效解决企业财务人员短缺以及素质不高问题，既可降低经营成本，又可提高企业管理水平、提升企业核心竞争力。

分离企业财务内部的各部分管控，对企业投资、采购、领取、销售进行严谨流程化管理，完善企业财务管理制度。加强企业财务投资现金管理的稳定性，提高企业财务账务规划管理，定期对企业实物库存进行清查、整理、核算。

通过规划闲置资金完善企业投资管理制度，提升企业生产经营管理标准。小微企业一般采用现金交易，对每一项现金交易进行记录，确定市场标准的投资效果。依照现金支配管理，预测有效企业现金投资标准，提升小微企业的现金投资交易竞争力，提高信用现金的销售，降低坏账率、降低企业财务风险，提高企业金融现金财务的规划管理。

四、管理篇

1.忌"制度严酷"

一个企业需要一套规章制度，规章制度能够进一步深化企业管理，充分调动发挥公司员工的积极性和创造性，切实维护公司利益和保障员工的合法权益，规范公司全体员工的行为和职业道德。但是，规章制度绝不可过于苛刻严酷，制度是为了约束员工，不是为了伤害员工，新注册公司在做企业制定制度的时候，一定要掌握好分寸。

同样的鱼肉蛋菜，有的人能炒出香味扑鼻、吊人胃口的佳肴，有的人却只能做成平淡乏味、有失本色的饭菜。其中的奥妙和诀窍何在？有经验的厨师会告诉你两个字：火候。火候不到，不会可口，火候过了，又会煮烂烧糊。只有火候恰到好处时，才会色香味俱全。炒菜如此，管人的道理亦然。

没有规矩不成方圆。每个企业都有自己的规章制度，这样做便于领导者的管理。可惜的是，有些领导者在制定规章制度的时候，过于严厉，虽然能对企业员工起到很好的约束作用，但是员工不是机器，不能像机器一样按部就班地去工作。过于苛刻的制度，会让员工觉得自己不受尊重，工作起来会感觉压抑。

一些公司的领导者在制定规章制度时考虑不周，把规章制度定得过于苛刻，这样会适得其反。员工虽然很在意个人利益，但并不是完全的"利益动物"，单靠资金的激励和解雇的威胁，并不能激发他们无私奉献。在整个公司环境变得僵化和冷酷时，员工开始计较自己的得失，公司不能提供更多的利益，就休想从员工那里得到更多的工作热情。

领导者若不能以德修身，以爱服人，一味地把员工当成"工具"来使用，那就大错特错了。随着"人本思想"地位的提高，如今人力资源已越来越被社会所重视。为顺应社会化大趋势，领导者应该重视人才，这样才能拥有一支具有超强凝聚力和战斗力的队伍，使企业向正确的方向发展。

小微企业与新注册公司要明白，不合理、太严厉的规章制度不但起不到约束人的作用，还会严重打击员工的工作积极性。如果制度缺少应有的人情味，就会导致上下级之间关系渐渐疏远，不能形成一个有效的整体。

过于宽松的制度没有存在的意义，过于苛刻的制度很难执行，想象一下，有些企业制定恐怖的罚款制度，根本就没有办法落实。更重要的是，苛刻的制度会引起员工的反抗情绪，伤害他们对企业的感情。

水泰广告公司已成立两年多，从发展到困难时期，迈进了平稳阶段。可是公司的总经理赵小刚却发现，原来创业时大家工作热情非常高，经常自愿加班加点，甚至由于放不下刚刚上马的项目，员工几天几夜不回家，也毫无怨言。现在公司做大了，招了一批新员工进来，而且重新制定了详细周密的规章制度，可是员工的积极性反而下降了。不但新来的员工对工资斤斤计较，就连创业的老员工也对公司吹毛求疵，如果要求员工加班加点，他们则怨声载道。

那么，如何才能合理地制订规章制度？我们只需注意以下几点。

一定要具有可操作性。不具有可操作性的条款对企业来说没有比有更好，比如很多企业规定："员工不遵守执行领导合理指示的视为一般违纪。"何谓"合理"？各有各的说法，实际可操作性极弱。企业一旦按照此条款操作，往往引发劳动争议。因此，规章制度的条款需要可操作性强的表述。

必须具备完备性。尽可能多地考虑生产经营、员工管理中可能发生的情况，避免发生情况后"无法可依"。

必须要有逻辑性。特别是在奖惩制度中，对于大错不犯小错不断的员工，采用逻辑递进的惩罚模式，能够较好地达到治病救人的效果。

制订惩罚制度要有一定的标准。管理的目的是预防和控制，而绝非事后惩处。一定要先让所有员工知道什么是错，什么错值多少代价，又该怎样去避免。这样，员工一是会主动去避免，二是在犯错后也会无话可说。在上面两个案例中，其实两位经理的罚款是没有标准、也过于随意、过于严酷了，无法让人心服口服的，先不管该不该罚，这样做的结局必定是为今后的管理埋下了隐患。随意地对下属进行处罚，会使员工没有安全感，而一群没有安全感的员工，只会使企业更不安全！

要有选择地原谅某些事情。我们都知道处罚是手段而非目的，在这种逻辑下，有些影响不大的无意犯错、初次犯错其实都是可以原谅的。真正需要重罚的是故意犯错、重复犯错，像简单错误天天犯的人是绝不能姑息的。有时，敢于原谅属下犯错更是一种管理智慧。

处罚的动机要纯。处罚的目的是改善而不是敛财，在上述两个案例中，几位经理都非常怀疑公司的罚款动机。这就无形中影响了老板的形象，也降低了组织的战斗力，为此，企业要做好两个工作：一是要设立内部基金，保证每笔罚款都能直接进入内部基金，然后专款专用，每月公开内部奖罚明细，以免落下口实。二是要保持内部整体的奖励金额一定要大于罚款额度，而奖励这个钱一定是老板掏，让员工们口服心服。

2.忌"任人唯亲"

香港著名实业家李嘉诚在汕头大学商学院讲课时说过一句话："如果你用人唯亲的话，那么企业就一定会受到挫败。"李先生的这番忠告，是对业界规律的宝贵总结，很值得企业经营者深思和借鉴。

企业在成立之初，经营者都喜欢凭借家族成员之间特有的血缘关系、亲缘关系和相关的社会网络资源来迅速聚集人才，以借此在很短的时间内获得竞争优势，快速完成原始资本积累。但是这种用人模式的劣根性也与生俱来，企业规模做大后，或者因为亲戚之间利益分配分歧产生矛盾，或者因为亲戚能力不足导致经营败局。

从企业发展的视角来看，创业企业家在创立企业后必然会引进大量的外部人才，优秀的外部人才提供了企业成长所必需的血液。随着公司的壮大，这些外部人才会逐渐充实到管理的各个岗位，慢慢稀释创业者的权力。

然而，在企业成长的过程中，有太多的创业企业家难以割舍自己手中的权力，试图通过将权力传递给子女来达到权力的更迭。然而，这种做法的不足之处在于，创业企业家的子女能否承担起这个重任？如果创业企业家的子女足够优秀，企业仍能平稳发展；然而，一旦创业企业家的子女无法承担起这份重任，这种任人唯亲的做法无疑会将企业推向失败的边缘。所谓富不过三代，在一定程度上讲得也正是这个道理。

怎样用人，用什么人，对于企业来说，是一个事关兴衰成败的大问题。企业经营者只有"风物长宜放眼量"，着眼于企业的长远发展，摒弃用人上的家族观念，走出家族式管理，坚决克服任人唯亲的偏向，建立公平的竞争机制，一视同仁地对待员工，唯才是举，唯才是用，让有才能者能够有所作为，有所发展，建立起经营者与员工相互信任、相互沟通的文化氛围。这样，才能激发和调动全体员工的积极性、创造性，企业才能生机勃勃，充满活力。

著名的王安电脑公司曾在美国的计算机领域中当过先锋，创造过辉煌的业绩。20世纪80年代初，王安公司在100多个国家和地区设立了制造、销售产品和售后服务的分支机构，成为一家举世瞩目的跨国电脑产业集团，员工超过3万人，营业额高达30亿美元，实力可与电脑巨人IBM分庭抗礼。然而，由于公司创始人王安在企业发展的关键时刻，没有选择很多人公认的最佳人选来做接班人，却任命其缺乏管理能力的儿子王列为公司的总裁。导致公司在1986年王列接手公司后，一年之中竟亏损了4.24亿美元，公司股票3年中下跌90％。最后公司不得不于1992年申请破产保护。

小莉是安徽某县的一名经销商，为人豪爽、热情，善于与政府机构和厂家打交道，所以很快成了当地赫赫有名的经营大户。但最近小莉却陷入了经营困境，她发现虽然每年都赚了不少钱，可却总是出现资金周转不灵的情况，有时候需要进货时，甚至抽不出钱打款，经营陷入被动。

小莉的生意尽管做得很大，但因为她自己忙于进货、与厂家打交道、推销和送货，所以公司的现金管理、仓库管理以及买货收款等重要事情都是委托给自己的亲姐姐负责的。为了弄清财务出现问题的根源，小莉对生意进行了全面清理和盘点，结果发现自己的亲姐姐竟然背着自己也在做生意，而且最近在没有向任何人借款的情况下花了30多万元盖了新房子。按姐姐的收入推算，她就是只挣钱不花钱也不可能这么快盖起这样一套房子。看来，店里的资金问题出在姐姐身上。无奈之下小莉只得辞掉了亲姐姐，开始重新规划自己的生意并招聘新员工。

自私是人类的本性，别指望着那些"自己人"会为自己当好"看门狗"，他们会尽全力先满足了自己的私欲之后再考虑别的。很多人可能借着老板对自己的信任干出常人干不出来的大事。实际上，随着企业的不断发展壮大，引进外部知识、技术以及外来管理经验变得越来越重要，只靠圈里人打天下是远远不够的。

四、管理篇

如何才能更好地打破任人唯亲的瓶颈，带领企业持续不断地发展前进呢？

首先，应当树立家族整体的核心价值观，解除每个人所隐藏的私欲。这是因为绝大多数家族企业里面往往存在着一个致命的弱点或现象，就是每个成员都隐藏着各自的目的和私欲，从而把自己的利益摆在第一位而置整体利益于不顾，这样的家族企业最大的威胁就是来自于私欲的膨胀，因为天下最大的冲突就是私利的纠缠。

其次，由于诸多的家族企业没有树立企业的人才考评标准，在使用家庭成员的过程中会出现因岗而用，而不是因人而用的现象，从而导致整个企业效率低下甚至人与岗位不相匹配。面对这种情况，代理商应当建立家族企业的人才考评标准，一视同仁地对待所有员工。

最后，家族企业的管理问题头等重要，因为如果管理水平较高，就会形成良性的工作程序，反之就会没有章法、没有效率。只有当代理商老板从根本上完善了企业的现代化管理制度，企业长期的内部及外部人才的培养才会在一个很规范的制度下顺利进行。

3.忌"事必躬亲"

"事必躬亲"从字面意思讲，是指不论什么事一定要亲自去做，亲自过问。它出自唐朝诗人张九龄《谢赐大麦面状》："伏以周人之礼，唯有籍田，汉氏之荐，但闻时果，则未有如陛下严祗于宗庙，勤俭于生人，事必躬亲，动合天德。"

对于事必躬亲的老板，下属们也许会遵从命令，但不会把这当成一种关心或者好意，反而会被认为是多管闲事。在现实中，每一个员工每天都要做出很多管理者无法监控的事情。无论是多么强有力的管理者，都不可能管理所有的事情，也不可能掌握所有的细节。事必躬亲的管理者基本上说来不太正常。生理上来讲，老板对自己在管理范围内的所有大小事情都下决定的话，精力很快就会耗尽。还有一种弊端就是，老板什么都做了，下属要做什么？这样会扼杀掉下属的创造性。从管理的角度来讲，一个成功的管理者是下属的教练，更多的是教和监督下属怎么做，而不是自己做。

很多企业领导者在员工没做好工作的时候，往往会承担起员工的职责，替员工完成工作帮助他们渡过难关。团队领导者也许觉得替员工完成工作是爱护他，是"亲民"的表现，却不知这是在无意中"害"了员工。

因为这样做，一些员工会因团队领导者的代劳而养成懒惰、消极怠工的习惯。长此以往，员工就会变得遇事无主张、凡事都会向上级请示汇报，独立工作的能力日渐下降，进而养成严重依赖团队领导者的习惯。一旦让员工独立完成任务，他们往往会因为没有足够的自信和方法进而无法独立完成任务。所以说，团队领导者的这种"保姆式"管理不可取。

当团队领导者像保姆一样事必躬亲时，员工就会毫无工作压力，因为他们会觉得身后有"靠山"，即使完成不了工作也没关系，反正团队领导者会来"救火"，这就导致员工的危机意识严重缺失。可见，事必躬亲真的会毁掉一个团队。杰克·韦尔奇有一句经典名言："管得少就是管得好。"乍听此言，觉得有些不可思议，可是深入细想，豁然开朗：管得少并非说明管理的作用被弱化了，效率管理，可能会产生100%的效果。

所以，你应该相信自己的员工和伙伴。给他们提供标准、方法、目标，过程让他们去完成，你只要看结果就够了。当然，在他们完成的过程中要做好监控和反馈，及时地帮助下属纠正实施过程中的问题，并积极为员工提供必要的帮助。相信他们会做好，是对他们的尊重，也是对自己的尊重。

思科总裁钱伯斯也许是知名企业中最乐于放权的首席执行官。他非常清楚，一个人的能力是有限的，如果只靠一个人的智慧指挥一切，即使一时能够取得惊人的进展，终究会有行不通的一天。因此他非常愿意放权，这使他能够自由地旅行，寻找尽可能多的促进思科壮大发展的好点子和好机会。在钱伯斯看来，所谓的最有能力的总裁并不是指那些大权在握、搞集权统治的独裁者，他在很早以前就知道，一个人的力量总是敌不过一群人的，如果这一群人恰好都是一些具有非凡才干的人，那么作为领导这些优秀人才的领袖无疑就是最幸运的人。

钱伯斯的乐于放权在思科公司中做了一个很好的榜样，因而能够在工作中发挥每个人的聪明才智，调动每个人的积极性，公司上下集思广益，群策群力。钱伯斯认为，思科公司今天的成功不仅仅是靠首席执行官的领导，也不仅仅是依靠高层管理人员的努力，而且是依靠全体思科员工的集体努力才获得的。

想摆脱事必躬亲的习惯，需要做到以下几点。

适当地授权。授权不等于放权，放松不等于放纵。要分清楚自己的岗位职责是什么？你该做什么？哪些是你重点要做的？哪些是不太重要的，但对下属来讲是重要的，是可以授权由下属来完成的？该授权给怎样的下属？下属的能力适合授予哪些权利？就是要分清楚哪些是我这个管理岗位必须要去做的，哪些是可以叫下属分担的；同时，自己还要承担授权过后的责任。

放权必须建立目标管理。譬如，企业建立预算制。企业内各部门进行投入产出预算，并且对自己所花的费用进行有效的预估，有了这样的预算和决算，同时配合权力等级划分、行政处罚制等真正实现权力下放。

用心培养自己的下属。我们想要轻松地管理，就必须有一帮能将自己的管理思想不折不扣地执行的下属。我们必须通过培训才可以将自己的思想复制。当然，培训的方法很多，见仁见智。我们不培养下属，下属的能力得不到提高，那肯定会自己辛苦。做管理的主要的工作是知道员工做好了，而不是帮他做好。正所谓"授人以鱼，不如授人以渔"。

建立有效的放权机制，必须做到逐步适当地放权，测试下属品质可靠性，制度约束超越权力的行为。建立人财物和责权利的监督体系，适时监察反馈放权管理利弊。必须对放权的部门或员工设立新的高于公司的目标，仔细挑选经营管理团队，帮助和支持团队工作。尽可能淡化公司内家族色彩。

最后一点就是保持谦卑的心态，任何时候都不要认为自己是管理者，是所管理的团队里最厉害的，不要认为你是团队的领导者就必须掌握团队的一切。你越是想掌握全部，你越是掌握不了。

4.忌"事不关己"

托尔斯泰曾说过："一个人若是没有热情，他将一事无成，而热情的基点正是责任感。"敬业对工作态度的要求是非常严格的。一个人无论从事何种职业，都应该心中常存责任感敬重自己的工作，在工作中表现出忠于职守、尽心尽责的精神，这才是真正的敬业。

当今的商业社会与以往已大不相同。老板不是只需要干活的机器，员工也不是只需要能挣钱就行的岗位。无论自己选择什么方式去实现终极期望，员工都需明白，工作是为自己工作，虽然老板每个月都会固定发工资。但工作中万万不可事不关己，随波逐流。

记住，不要只做"我告诉你的事"，请做"需要做的事"。许多人在工作上都存在一种惰性，工作中往往只做领导交代的事情，事不关己，避而远之。一些员工的视野比较狭窄，思维比较简单，做事情时，看不到周围情况的变化，在他的潜意识里并不是不愿意做其他的事情，只是因为缺少经验，或者某些特定的性格因素使然，使他往往不能做得很完美。而这本书恰恰可以告诉我们怎样在工作中表现得更出色。

一位哲人曾经说过："生命是没有意义的，除非有工作。所有的工作都是辛苦的，除非有知识；所有的知识是空虚的，除非有热望；所有的热望是盲目的，除非有爱。有爱的工作才是生命的具体化。"

工作就意味着责任。因此，我们每一个人都应该对所担负的责任充满责任感。归根结底，作为工作就意味着责任，每一个职位所确定的工作任务就是一份责任，你从事这份工作就应该担负起这份责任，我们每个人都应该对所担负的责任充满责任感。未来，是靠自己闯出来的，有时也是逼出来的。有人曾说假如上帝把所有的门都关上了，还有一扇窗子为你开着；如果连窗子也关上了那还有堵薄墙让你去凿。记住一句话：我们要为自己而工作。

某服装厂的一名保安中午上班时在厂区巡逻，发现比较偏僻的原料仓库后门已生锈损坏，造成不能上锁，并且偶尔有几个男员工进去，躲在一个角落里抽烟。于是保安马上回去报告了保卫科长。说：公司原料仓库后门没有上锁，还有人进去抽烟，可能会是一个安全隐患。

保卫科长听说后，立马告知了仓储部主管。仓储部主管非常重视，马上将原料仓库后门已生锈损坏没有上锁的情况汇报给了厂长。并说："现在原材料价格很贵，如果被盗损失会很严重。"厂长听说后高度重视这个情况，认为必须要上报副总。可是副总在外地出差，厂长只好打电话给副总。副总指示，你们协商后马上解决，我立刻向总经理和董事长汇报。

就在当天晚上 11 点多钟的时候，两名员工又躲到了原料仓库抽烟。然而在离开时忘记熄灭烟头，烟头被风一吹点燃了仓库里面的废纸，废纸引燃了原材料，引起了仓库起火。大火迅速蔓延并烧到了车间。20 分钟后消防车到达，经过 1 个多小时的抢救才扑灭了大火。此次火灾造成了严重的经济损失。

董事长火速赶回公司，召开紧急会议并追究责任。保安说，我第一时间报告了科长；科长说，我告知了仓库负责人；仓库主管说，我非常重视这个问题，并上报了厂长；厂长说，我觉得这个问题很严重，没有耽搁任何时间就上报了副总；副总说，我正在出差，已给他们作了指示，并上报了总经理和董事长您啊。

责任并不是一种由外部强加在人身上的义务，而是我们需要对我们所关心的事件做出反应。企业员工要清楚自己的责任，明确目标，尽心尽力，千方百计把事情干好。尤其是做错了的时候，要勇敢地承认"我的错"，不要推卸责任。责任心可以养德，责任心更可以树德。责任心一旦成为一种群体行为，它会形成一种企业精神。

如何端正工作态度并提高工作能力呢？

进一步加强学习，不断提高自己的理论水平和业务能力。学习无止境，在学习上也要增强自我约束机制，自觉学习，自我加压，强化学习，努力学习理论、专业技能，学市场知识，学法律法规，学业务技能知识，学会管理自己，学会与时俱进。拓展学习的知识面，要做到学以致用，运用新知识多研究些工作，多思考些问题，努力提高自己的专业水平，提高应对各种复杂局面的能力。

放开思想，开拓创新，不断地感受、认识新生事物，善于从新的科学的角度去观察、思考问题，进一步增强自己的事业心和责任感；坚持公司利益高于一切，主动做事，站在老板的角度考虑问题。坚持原则性和灵活性相结合，创造性地开展工作。

改进工作作风和工作方法、继续保持和发扬求真务实的工作作风。研究新情况、解决新问题，继续保持和发扬谦虚谨慎、不骄不躁的工作作风。遇到问题随时向领导、同事请教。多与同事和领导沟通交流、增加理解，促进团结。提高个人修养，善于耐心听取批评意见，以促进工作质量的提升，取得良好的效果。

在严格执行公司的制度和规定的同时，为领导做好参谋，当好助手，提出建设性的意见和建议。同时作为一名基层员工，要敬业奉献，要有大局观，并富于自我牺牲，无条件地服从组织和大局的需要。

5.忌"过度猜忌"

企业管理者的成长过程与企业成长密切相关，与个人的资历、学历、智力没有必然关系。企业家随着企业的成长而成长，无论是谁也绕不过这道关。所以，人与人之间互相猜忌的发生率非常高。

猜忌是怎么产生的呢？

新员工入职很大程度上基于对公司未来的期许、薪酬的提升、职业通道上的提升、专业、兴趣等各个方面，而每名老员工在入职时的关注点和新员工差不多。但是随着时间的推移，老员工各个方面的价值观念和发展目标都会出现一定的改变，因此会与新员工有所差异。

当对企业的不同认知带来的差异积累到一定程度时，就会引起不满，尤其涉及利益上的差别时，就会形成新员工和老员工之间的猜忌。

因此，我们首先应该了解，新老员工对于公司的各个方面的观念差异在哪里？

新老员工在价值观、工作认知、职业发展、物质需求、工作行为上都会有所不同。这种不同是基于新老员工在公司环境中所处的时间长短和与企业文化融合程度的高低形成的，因此不存在严格的明确界限划分。随着时间的推移，新员工逐步变成老员工，其价值观、行为方式等也会逐步向老员工的价值观和行为方式等靠拢。

从经营团队的角度来说，谁都希望自己带领的团队是有战斗力、思想一致、很忠诚的，大家心往一处想劲儿往一处使。但事实上，想象中我们都能够构想非常完美的画面，而事实上并不是这个样子，可能会出现很多很多的意外。比如，团队在发展磨合过程中，就会出现互相猜忌

四、管理篇

这样的恶劣而具有破坏性的情况。

沟通不畅,是猜忌产生的基础。多沟通,坦然一点,透明一点,团队里面就不会有多少猜忌。但是如果出现了比较极端的猜忌情况,那就让他去吧,甚至咱们都不用花心思去想为什么,要走的留不住,咱们就算再努力,也改变不了别人的思想,那还不如将时间节省下来做咱们该做的事情,将产品、营销等做得更好,这样我们每天的时间就会很有效率和意义。

我们来看一个案例:一个分管公司生产经营的副总经理得知一较大工程项目即将进行招标,由于采取向总经理电话形式简单汇报未能得到明确答复,使这位副总经理误以为被默认,因而在情急之下便组织业务小组投入相关时间和经费跟踪该项目,最终因准备不充分而成为泡影。

事后,在总经理办公会上陈述有关情况时,总经理认为副总经理"汇报不详,擅自决策,组织资源运用不当",并当着部门面给予他严厉批评,而副总经理反驳认为是"已经汇报、领导重视不够、故意刁难,是由于责任逃避所致"。由于双方信息传寄、角色定位、有效沟通、团队配合、认知角度等存在意见分歧,致使企业内部人际关系紧张、工作被动,恶性循环,公司业务难以稳定发展。

在小微企业,员工有被你信任的感觉,才会对你和企业信任,才有可能将心与企业连在一块。所谓"士为知己者死",就因为被重视、被信任的原因。有了信任,才有归属感,才有责任感,才有奉献精神,才有忠诚。日本松下电器在 20 世纪的一次经济危机中面临厄运,松下幸之助变卖自己的家产来支付员工的工资,众多员工重拾信心,对他充满信任,选择了与他一起风雨同舟,一起挺过困难。试想,一个充满信任危机的企业哪来转危为安的信心,哪来对未来的信心?

要解决企业内部猜忌,要做到以下几点。

了解猜忌的原因。在不了解情况的时候,为了不影响团队的大局,先不轻举妄动,就算知道一点点,也要假装完全不知道。这个时候,一方面就某些敏感问题旁敲侧击地提示一二,一方面做好替代方案。旁敲侧击,指的是不非常清楚地说明白,但是要"点"到产生猜忌的命脉上,从舆论上消除猜忌者猜忌的根源。

作为管理者，我们需要半醒半醉、糊里糊涂地处理事情和看待事情，这样子我们才能举重若轻、从容不迫。承接上面所说的，我们会用一些语言的方式进行旁敲侧击。但是，语言的说教始终是没啥用的，说得越多，可能听的人反而会觉得啰唆，反而加速猜忌者的想法更多。

所以，我们需要顺应变化，将猜忌者的离开当作是团队的一次考核和精选，还节省了一次动脑筋的时间。因为我们之前已经准备好了替代方案，所以，猜忌者的离开，实际上对于整个组织，都没有多大的影响，因为早就已经做好了预案。

带过团队的人都知道，一个心态负面不健康的人，会带坏整个团队。所以，无论是从大局着想还是从团队的未来发展来说，都必须快刀斩乱麻，割除猜忌的毒瘤。对于想离开的猜忌者来说，我们就干脆装糊涂，让他离开好了，因为从整个管理布局上来讲，他已经失去了信任，已经无足轻重了，留他无用。

那些暂时不想离开团队但猜忌很深，对团队影响很大的人，千万不要姑息，不然会造成更多更坏的影响，第一步是边缘化，让他脱离中心；第二步是找个机会干掉，甚至都不要给这些人解释的机会，也不要解释，这样做才可以保持团队的清洁。而对于那些留在团队里面的隐藏的轻度猜忌者，咱们就无需弄得那么明白，至少这说明目前没有足够的动力让他们叛逆团队，那就给他们一些机会，知道就当不知道好了，该做什么，还是按照之前的去做，一切如旧。

想要克服互相猜忌这道关，还要做好企业内部的个人公平。

要保证个人公平，首先是量才而用，并为有才能者创造脱颖而出的机会。海尔的人才观是"赛马不相马"，说的并不是不需要量才而用，而是说不以领导对个人的评价作为竞争评价标准，而是以一套公正透明的人才选拔机制，用个人在工作中的实际绩效作为评价机制和评价标准。

要保证个人公平，还需要事先说明规则，建立制度的契约或心理的契约，目的是双方都明白相互的权利和义务。重要且比较容易判断其对公司贡献的岗位宜采用业绩导向的薪酬，常见的有销售人员、市场人员以及独立核算单位的负责人等。但是，对于创业团队来说，建立一个比较清晰的制度契约往往是不可能的，这时候更需要一种心理的契约，创业领头人的个人诚信便十分重要。

6.忌"眼高手低"

"眼高手低"是创业者的一个通病，创业起步之初，通常会把目标定得很远大，结果却做不起来。世间只要是合情合理合法之事，本没有高低贵贱之分，只要用心去做，都能够做到精细一流的水平，而且作为职场中无论在任何岗位做任何事情都应追求精细和一流。

再进一步研析，世界上无论任何难事大事都有做成功的可能，无论是做什么事情，首先是做事的心态。世界上再难的事情，再伟大的事情，无论多么宏大的工程，都可分解成细小的具体事情，要想做成大事情，就必须把分解后每一件小事情做好，所以任何事情都要从一开始做起，只有从一做起，才能做到二、做到三，才能最终做成功。不做一的人，永远做不成二，也永远不会做成功，不能做小事的人也不可能做成大事。

所以说，眼高手低的人关键是没有做成功事情的心态，所以做任何事情浮躁，很难把事情做精、做细、做成功。因此，对眼高手低之人，用之要慎重，轻易不要委以重任。作为用人单位，有义务教育眼高手低之人，培养他们做小事的心态，把小事做漂亮做精致的心态。一旦员工养成了有把小事做成功的习惯，那么他们便有了做成大事的基本要素，只有如此，他们才可能做成大事。

刚毕业的小胡想成立一个新公司做电商。他自以为自己懂互联网，因为他每天都会在网上看大量科技博客的文章，等到真做的时候完全是处于半懂不懂的状态。于是，小胡在一次招聘会上找到合作商何总，稀里糊涂地签了合作协议。

起初，小胡把账上的钱全部投入到网站开发中。因为网站开发完全依靠技术，技术其实也不知道产品到底怎么做，唯一的办法就是抄别人的。他们到处去找别的电商商城模板，然后按最小的成本拷贝了一个模板，网站总算能用了。那时，距离拿到公司营业执照已经过了一个月。在网站开发期间，事先招聘的几个员工每天除了看看报纸，喝喝茶就没多少事。

网站最终上线了，小胡觉得还勉强过得去。这时，小胡跟何总产生了分歧。何总认为网站首页应该是黑色，这样才显得大气；而小胡认为应该是粉色，更符合年轻人的品位。在这个问题上，小胡毫不妥协，丝毫不给何总留面子：小胡觉得他虽然年龄比自己大，但自己更懂互联网。最后何总妥协了，同意按照小胡的方案来做，但走之前跟小胡说，一定要想办法卖出产品赚钱。

就在公司业务开始有些起色的时候，小胡和何总又有了冲突。何总认为小胡的这种做法违背了他当初的想法。他认为公司必须做电商，否则就不再投资。小胡在这个公司实际毫无话语权，不得不妥协。这次争吵之后，何总派了一个财务过来，规定超过5000元的支出都要财务签字，然后再次告诉小胡必须要完成销售任务。

小胡重新将重心放到电商网站上，每天和同学商量着如何做。大家像热锅上的蚂蚁，面对着仓库里堆积的衣服，毫无办法。

小胡想找电商行业里的人交流一下，但做不到，因为他根本没有电商圈的资源。他也想过入驻天猫和京东商城，但当他找过去的时候，对方要求是正品且有品牌，而他们售卖的衣服连个正规的品牌都没有。其实他根本不懂电商运营，曾建议何总招聘一个熟悉天猫的运营总监来协助他，最终落空。半年后，他们几乎毫无建树，公司不得不关门大吉，小胡也跟何总解约，离开了上海。

那么，应当如何做才能摆脱眼高手低，高高跃起？

干什么都要从小处着手，从低处抓起。企业制定目标和战略时，不考虑实际就"拍脑袋"；在宣贯执行时，大家"拍胸脯"表决心；结果呢，部分人"拍屁股"，挥一挥手告别都没有地扬长而去。一些企业制定了堪称完美的战略战术，富有洞察力、前瞻性，专家都挑不出问题，但无果而终。其原因是在很多时候，我们大多数人真正是眼高手低，监督执行不到位。

我们不妨看看做得比较好的企业家，如史玉柱在做脑白金前，几个月深入市场调研；今天的征途游戏，他每天10多个小时在玩。而不少企业家更多是坐在办公室遥控指挥，不知道自己的产品在终端出现什么问题，更不要说市场趋势了。

真正的企业创业者要做到"眼界决定视界，视界决定思路，思路决定出路"。"手低"就没有发展：细节决定成败。虽然要注重细节，但切忌过分纠结于细节，陷入其中不能自拔。"天下大事必作于细，天下难事必作于易"，虽然要注重细节，但切忌过分纠结于细节，陷入其中不能自拔。

解决眼高手低的问题，调整心态是根本。要克服浮躁心理，明确个人定位，加强与员工的沟通交流，不可搞些"花架子""虚把式"。严防出现"说起来比谁都明白，做起来什么都不会"的现象。既要做好工作的谋划者、组织者、指导者，又要做工作的实践者、落实者，必须带头干、亲自干，在干中发现问题、解决问题，在干中总结经验、指导全盘，在干中推进落实、完成任务。

身为一个企业领导者，要善于沟通，要善于表达和倾听。要求你凡事只能靠沟通，没有特权。要深刻地理解人性，懂得人情，正所谓"人情练达即产品"。每个企业对领导者的定位有所不同，若要真正地提升自己的能力，就要不断开阔视野，脚踏实地地做事，才能让你走得更远！

五、运营篇

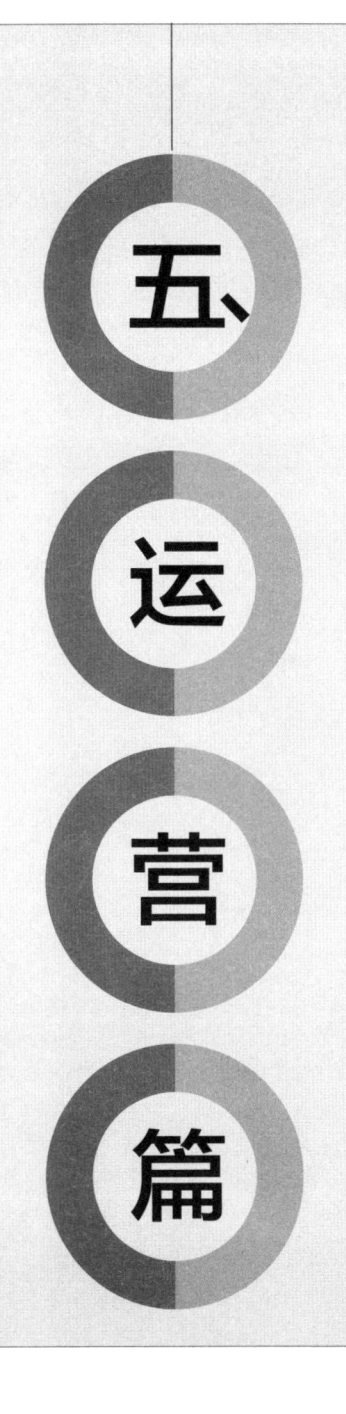

1.忌贪多经营

"单品为王"是一种十分盛行的企业经营模式，一些业内人士认为，一个企业的发展潜力与其有没有一个知名度和销量都颇高的"明星单品"息息相关。所以，经营项目不在多少，而在于做得好不好，贪多无用。

当今的商圈中，我们总是能看到这样的情况，大企业产品较少，而小微企业反而有很多种品类的商品。一些总人数不超过200人的小企业商品展厅内摆放了上百种商品，乍一看下去很气派，但是看看每种产品的年销售额，跟大企业基本没有可比性。有些小企业所有产品的年销售额相加也仅仅是大企业明星单品一个季度的销售额。从这一点看来，"明星单品"战略确实十分重要，企业如果没有一个或几个明星单品，基本很难在行业内混到一个较高的高度。

单品有多重要？看组数据就知道：世界500强企业中，有140家企业的单品产品销售额超过企业年总营收的95%；单品产品销售额超过企业年总营收70%—95%的企业有194家；146家企业的主营产品销售额占企业年总营业收入的70%左右，而百花齐放，无"明星单品"的500强企业极少。

只有产品畅销，才能创造出源源不断的财富。怎么样去提高销量，一些小微企业认为，不断地推出新品，满足消费者"尝新"的心理就能做到提高销量。很多企业家认为，尽可能多地投放新产品，就像撒网捕鱼一样，尽可能地广撒网，肯定有一条能网到大鱼。但是市场不是鱼塘，经营产品并不像捕鱼那样简单。

也许有人会问，统一、娃哈哈和康师傅这些品牌，不是多品类推进的？我们这里一定要知道，这些企业也都是从一个单品做起来的，他们是在拥有了高知名度之后，才开始推进多品类销售模式的。

七匹狼原来是福建的一个地区性服装品牌。从1990年的七匹狼男装到今天家喻户晓的七匹狼男性品牌系统——服装、香烟、啤酒业、皮具、茶叶、白酒，七匹狼集团公司走过了10年的历程。在10年的发展历程中，七匹狼集团以服装为龙头，不断探寻一条多元化、集团化、现代化的企业发展之路。从正式注册七匹狼商标，至今已在多个行业领域以及几十个国家和地区注册。1993 年，集团全面导入中国工业标准（CIS）并成功运作。

到 1996 年，七匹狼品牌无形资产评估达 2.449 亿元。与此同时，其与晋江烟草专卖局、龙岩卷烟厂联名推出的七匹狼高档香烟也取得巨大成功。1997 年，七匹狼酒业有限公司成立，实现了跨行业经营的第二次重大转变。1999 年"七匹狼"被评为影响中国服饰市场的十大男装品牌，同时特许经营模式成功运作。2000 年，七匹狼发展股份公司成立，标志七匹狼的规范化经营向现代化企业迈进。同时，进军白酒市场，策划推出七匹狼白酒，成功上市。

那么，我们下面就谈一下，如何打造单品品牌。

重塑价值链。它是一个企业对客户的承诺并体现在产品和服务的定价质量，表现选择性、方便性和美观性等。另外，组织以价值链为基础的企业运营模式。它决定一个企业能否提供所做的承诺。

选择独特的价值行销法则，突出品牌形象。推行这样的行销准则：独特的市场区隔与定位加上成功的品牌延伸，创造忠诚、稳定的品牌消费群体。必须一切以消费者为中心，坚持直接、简单、到位的品牌管理与市场行销概念，特许经销的模式将是低成本扩张与快速品牌延伸的最有力的模式。

品牌运营管理，决策品质的保障。高级管理层对品牌的总体架构，整体性有统一的监视。任何非品牌的重大决策时，都应该考虑到其对品牌的影响。任何决策要科学，要建立在市场分析，顾客需求探讨，数据研究和管理层意见的基础上。建立品牌决策制度，编制《品牌管理手册》，规范相关规章制度和工作流程。建立完整、详尽、统一的审批流程，包括品牌定位和品牌驱动的改变等。指定的负责机制、统一的书面申请和审批格式。

品牌运营管理，衡量评估体系的保障。对每个独立品牌及其下所有子品牌进行持续性地跟踪和监控。品牌绩效的衡量需要从多方位全面衡量。市场角度出发的衡量标准，如：品牌的市场份额。消费者角度出发的衡量标准，如：品牌知名度，品牌偏好，品牌价值，品牌情感联系度，品牌相对差异度。企业角度出发的衡量标准，如：品牌的盈利能力。根据品牌发展周期各个阶段，指定针对性的评估标准，比如：短期目标——提高品牌知名度，接纳度。中期目标——提高市场份额，顾客满意度。长期目标——提高利润率，品牌忠诚度。

与外界相关机构的有效沟通。新品牌推出、品牌延伸和品牌重新定位时要与外界充分沟通说明。整个价值链中的相关企业、媒介等机构进行标准化的品牌交流沟通。与顾客的各联系点，传播品牌组合和品牌内涵信息。外界相关机构沟通，如广告代理公司、公共关系公司、分销合作伙伴等。

2.忌以卵击石

企业的运营总与风险相伴而生，大学生初出茅庐，社会经验不丰富，资本积累也谈不上。所以，企业业务运营一定要量力而行，不可以卵击石。否则，一旦出师不利，极易陷入困顿，一蹶不振。

所谓量力而行，就是要在充分考量自己的能力和财力等条件的基础上，谨慎选择适合自己的路。就能力而言，刚走出校门的大学生对社会不了解，很盲目。所以一定要放低心态，先结合自己的计划，有意识地选择进入相关行业踏踏实实地投入工作，积累行业知识，发展自我技能，丰富人生阅历，锻炼意志品质。在对行业熟悉和把握的基础上，如果认定其发展的大好前景，对自身的能力和创业风险也有足够的认识，再下手也为时不晚，切勿急功近利，以卵击石。

就财力而言，有些青年在创业时，总希望取得更大的资金支持与资金投入，可是大多数家庭的经济条件供孩子上大学已属不易，再让他们给孩子提供不菲的创业资金更是勉为其难。因此，满怀创业豪情的青年要体谅父母的不易，克服好高骛远、好大喜功的想法，大处着眼，小处着手，结合自己的专业特长、兴趣爱好和承受能力，开拓与自身实力相符的事业。创业是一步一步做大的，等通过自己的努力拼搏，有了一定的积累，能够自立自强后，再去发展壮大，创造自己的财富人生。

同时，创业需要激情，更需要敬业和勤奋。因此，即使事业站稳了脚跟，也不能有丝毫松懈，要继续保持旺盛的工作热情，精心打造自己的员工队伍，细心关注服务的细枝末节，用诚心赢得顾客，用真情打动顾客，用专业的服务征服顾客。并且能不断结合事业发展实际，随时调整发展战略，塑造公司的良好品牌，才能获得长久的发展。

大学生创业多为小微企业，企业始终处于竞争的旋涡之中，而小微企业最忌讳的是硬碰硬的竞争。比如品牌竞争，这个小微企业根本不可能拥有，比如价格竞争，小微企业的竞价本钱又不足。

小微企业除非水到渠成，不要奢望一蹴而就，要踏踏实实做好产品、做好市场，最大限度地过得"滋润"些，比其他企业活得长一些。如果非要做些什么，那就集中精力，全神贯注于产品声誉建设，扎扎实实做出让顾客喜闻乐见的产品。

2004年8月，大学毕业生小侯走上了创业之路。因为喜欢汽车，他把目标锁定了与汽车有关的项目，一家属于他自己的汽车饰品店在一番忙碌之后诞生了。

在创业之前，小侯是做了充分准备的。因为喜欢汽车，他就琢磨着在汽车方面找路子。他先到网上搜集了一些关于汽车消费品的创业项目。然后根据实际情况，考虑到随着人们生活水平的提高，买车的人越来越多，而爱车的人一般都比较注重车内装饰，那么，开一家汽车饰品店，生意应该不错吧。

觉得自己的想法还是比较顺应市场发展的，小侯高高兴兴地开始了第二步工作。他先从网上搜索了一些经营汽车饰品的代理商，并对各家的产品质量和价位进行了比较，然后选定一家太原的代理商。经过联系，他和那家代理商签好了协议，交了6000元的加盟费，就开始租房子、装修、进货，脑子里满是憧憬的小侯很快就成了老板。但是现实给小侯的热情浇了一盆冷水，开张后，顾客寥寥。

尽管他店里的饰品很吸引眼球，无奈饰品店所处的位置比较偏，路过的车倒是不少，但也仅仅是路过，而且大部分是大货车，根本不会在这样一个地段停车，也不会来买车内饰品。小侯每天都早早开店，很晚才打烊，商品的价位也定得很低，就这样，开业半年，总共才卖出两三千元的货。这时，房租也到期了，小侯不敢再恋战，把剩下的货放到朋友空着的车库里，从此不提开店的事。

那么，这颗"卵"，如何才能不"撞到石头"呢？

首先，先有业务，再创业。进入该行业为别人打工，通过打工的经历来积累经验与资源。那么"学费"自然由别的老板给你付了。因此，在创业之初，是无所谓事业的，创业选择极具盲目性，为创业而创业。在刚开始创业之前，进入什么行业，以什么为盈利模式，都是一片茫然。所以创业者在创业之前，一定要有明确的创业方向，再决定创业。

其次，要有足够的资源。很多人在初次创业的时候，都是资源十分欠缺的。资源不足，使企业创业成功的概率降低，但要有完全充分的资源也是不可能的。在资源具备上，一般来说，要符合两种条件：一是要有进入一个行业的起码的资源，另一方面是具备差异性资源。如果任何条件均不具备，创业成功的可能性很小。

创业资源条件主要包括以下几个方面。

业务资源：赚钱的模式是什么；

客户资源：谁来购买；

技术资源：凭什么赢取客户的信赖？

经营管理资源：经营能力如何；

财务资源：是否有足够的启动资金；

行业经验资源：对该行业资讯与常识的积累；

行业准入条件：某些行业受到一些政策保护与限制，需要进入资格条件；

人力资源条件：是否有合适的专业人才。

最后，经营能力很重要。经营赚钱的能力是最重要的，只要有非常出色的经营能力，自然会找到投资者，很多投资者天天都在找好项目投资。尤其在创业初期，创业者个人的能力非常重要，事无巨细，都要自己亲自动手，创业不是一件很轻松的事情。在创业者的个人能力中业务能力，开发客户能力，综合应变能力十分重要。创业者其实很多时候就是一个业务经理，能够拿到订单什么都好办了。很多创业成功者，都是做业务出身。有了客户，有了订单，事情自然都变得容易了。

3.忌蹚水过河

一个企业的发展就像过河，如果不知水的深浅，不可盲目地蹚水过河，要谨慎地摸着石头过河。"摸着石头过河"的比喻意义是指办事谨慎，边干边摸索经验。摸着石头过河，"石头"比喻着条件与能力。"过河"比喻着思想观念、愿景与目标。"摸"比喻着学习能力与实践能力。因此，作为企业的经营与决策者，不但要身先士卒摸着石头过河，有时还需要游着过河。

一家企业的发展，如果没有现成的东西可以参考与借鉴，那么就需要边做边学经验。能够摸得到经验规律，就能更稳地迈出一步；如果长时间找不到某个问题的解决方法，那就有两种可能，一是自己的能力不足，二是走进了"死路"。

解决问题要考虑三种因素。首先要考虑的因素是要不要过河的问题，由谁率先过河的问题。如果用在变革管理方面，那就是要不要变革的问题，是谁来领导变革的问题。其次要考虑的因素是河水深浅的问题。如果用在管理方面，那就是解决问题的难易程度与大小程度。最后要考虑的因素是用什么方法过河的问题。如果用在管理方面，就是战略与战术的问题。

在没有其他条件的情况下，如果想要另辟蹊径"过河"，那就要看企业是否能最大限度地利用本身的固有资源，来作为石头的替代方案，从而实现过河的目标。如果现实情况，河水深，既没有石头可摸，又没有其他替代品让我们过河。那么我们只有利用本身的优势与核心能力，游过去，这样一样可以让我们达到过河的目标。在游的过程中，要注意不要被水淹死了。比喻着做任何事情，都要打好基础，做好准备。在过河之前，要到游泳馆或者小水塘，先锻炼与学习怎么样游泳。学会了游泳的技能，那么过河时，就算水深，就算没有石头可摸，我们一样可以游过河去。所以，企业与管理者需要过河时，具备游泳的技能与学习游泳的能力，是非常关键的，这涉及将来过河的问题。

炎黄传媒曾经风光无限，创立4年时间，融资达4500万美元，2008年初时号称占领全国医院液晶广告市场80%的份额；它的崩盘同样令人目瞪口呆，2008年10月，投资方全面冻结炎黄账户，炎黄传媒从高峰期的几千人迅速裁员到只有几十人。它曾经强势崛起，霸气十足，常常出价比对手高几倍，甚至10倍的价格争抢地盘；它的陨落同样精彩至极，一天之内，投资方与创始人上演相互罢免、各拿公章要挟的全武行。

液晶广告市场已经是一块细分市场，而医院的液晶广告又更加细分了，支撑起一家独立的上市公司，风险一定大于机遇。

户外广告的商业模式实际上非常简单，可模仿性非常强，最主要的是对稀缺性资源的抢占。越是简单的模式，对规模和资本的要求越高，在某种意义上，规模和资本几乎是企业防守的唯一护城河。

分众之外，被风投追捧的 10 多家企业，实际上从起步开始就注定了难以做大的宿命。作为一个创业项目并无不可，但是如果瞄准上市则有些好高骛远了。即使楼宇液晶这块最大的细分领域，也容不下两家上市企业，聚众最后落到被分众收购的下场即是明证。

想要轻松自如地"过河"，可参考以下两点。

磨练自身能力。对于中小企业而言，可能多数都是投资者与经营者系于一身，也就是说老板与总裁是一个人兼任。这就更加彰显了老板自身能力提高的重要性。人们常说："火车跑得快，全靠车头带。"机车没有强大的引擎、航船没有合格的舵手，不是后续乏力，就是途中倾覆。企业如果没有全面掌握企业管理理论与方法的掌门人，在 21 世纪的企业丛林中，就是引擎没有动力，就是航船少了舵手。小微企业的成长，首先表现为老板的成长。但是在团队制胜的今天，任何能人的单打独斗都显得软弱无力。因此，仅有老板的成长也远远不能适应今天企业生存、发展与竞争需要，而必须是组织成员的全体参与和全员进步。

实施公司化运作。具体步骤如下。

企业成立以老板为领导小组组长的公司化运作领导小组，企业中高层管理者为组员，另设一名副组长和领导小组办公室主任具体抓落实。

企业公司化运作领导小组讨论制订实施目标、实施计划与实施步骤，讨论确定企业公司化运作体系方案设计人选。

召开企业公司化运作项目启动大会，老板亲自动员，任命成员，公布奖惩规定，下发正式文件。

企业公司化运作领导小组成员按照项目计划和各自分工，分阶段组织完成体系方案设计。

分阶段设计、分阶段讨论、分阶段审核审批，在确保方案经过广泛讨论、上下认同的前提下颁发试行。

公司化运作方案试行的前提是进行了广泛的宣传教育和针对不同岗位员工的培训，确保员工理解、认同并承诺遵守执行。

企业公司化运作领导小组就试行中发现的问题进行再次论证、修改方案，直至切合实际、上下认同为止。

确定公司化运作体系方案可行，宣传教育到位，就可以宣布项目小组解散，设立常设机构和专职岗位推动公司化运作项目成果持续转化、持续执行、持之以恒。

4.忌决策武断

企业决策的制定，是直接关系到企业生死存亡的一项活动，任何一个很小的决策失误，也可能会给企业带来很大的损失，一个大的失误就直接会把企业送进坟墓。企业决策制定的管理，是任何一家希望实现稳定发展，能健康长寿的企业，都不得不高度关注的工作。

要明白公司如何做决策，首先要明白什么是决策，明白决策的类型、原则和风格。所谓类型可按照决策条件和决策对象划分，按照决策条件划分可分为确定型决策，风险型决策和不确定型决策。按照决策对象可划分为战略决策和战术决策。而决策的原则要具备社会性、效益性、满意性、适应性和民主性。同时明确决策风格也是很重要的，它不仅是一个决策者的风格体现，更是公司企业文化的一个外在表现，因此，我们要对决策的风格加以研究和认识，决策的风格主要分为反射型、深思熟虑型和一致型。

迷信灵感，习惯于凭直觉进行决策的人，会看低，甚至否定决策制定管理的意义作用，但灵感和直觉只会把企业的发展导入歧途。任何一个人都不可能由灵感和直觉来保障其决策的质量，更不可能保证决策长久的不失误。

企业决策的制定，是对企业经营资源的一种优化配置。企业决策是否真正达到了优化的目的，有一个客观的检验标准，即相对于一个可预期的较长的时间段进行分析，其投入是否实现了回报的最大化，实现了企业经营资源最大限度的积累和增长。决策制定的活动选择与活动选择的结果之间有一种客观必然的联系，作为潜意识的灵感和直觉，是不可能把握这种客观必然的联系的。只有科学规范的决策制定管理，消除了决策制定上的随意性，杜绝了拍脑袋决策，才能真正实现企业经营资源配置的优化，提升决策的质量，减少决策的失误。

所谓决策制定管理规范化，也就是通过构建完善企业决策三维体系，严格企业经营的清理核算管理，事先明确选择重大决策制定的分析论证方法，健全完善决策制定过程的程序管理，把企业决策的制定都纳入科学分析、严格论证、慎重选择的规范管理之中，把决策的失误降低为零。并完善健全决策管理的制度，通过制度来保障企业决策的制定严格依照科学的方法程序进行组织。

下面我们来看一个案例。

某城市繁华地段有一个食品厂，因经营不善长期亏损，该市政府领导拟将其改造成一个副食品批发市场，这样既可以解决企业破产后下岗职工的安置问题，又方便了附近居民。为此进行了一系列前期准备，包括项目审批、征地拆迁、建筑规划设计等。不曾想，外地一开发商已在离此地不远的地方率先投资兴建了一个综合市场，而综合市场中就有一个相当规模的副食品批发场区，足以满足附近居民和零售商的需求。

面对这种情况，市政府领导陷入了两难境地：如果继续进行副食品批发市场建设，必然亏损；如果就此停建，则前期投入将全部泡汤。在这种情况下，该市政府盲目做出决定，将该食品厂厂房所在地建成一居民小区，由开发商进行开发，但对原食品厂职工没能做出有效的赔偿，使该厂职工陷入困境，该厂职工长期向上反映不能解决赔偿问题，对该市的稳定造成了隐患。

为了防止决策武断，我们在做决策时要稳稳分 7 步走。

第一步，界定问题，识别机会。要注重考虑个人行为以及信息的标准与实效。

第二步，明确目标。注重目标的内容，时间要求，各分目标的关系，决策目标的约束条件，决策目标尽量用数量表示。

第三步，拟定备选方案。

第四步，评估备选方案。评估备选方案应注意：方案实施的条件是否给组织带来长短期利益；方案实施的风险及失败的可能性。

第五步，做出决策。决策者要想做出一个好的决定就必须仔细考察全部事实，确定是否可以获得足够的信息，并最终选择最好的方案。

　　第六步，选择实战战略。制定保证方案实施的措施；确保与方案有关的各种指令能被所有人员充分接受和了解；将决策目标分解，落实到单位和个人；建立工作报告制度，了解方案的进展，并及时调整。

　　第七步，监督和评估。职能部门对各层次、各岗位的方案执行情况进行检查和监督，并将信息反馈给决策者；决策者根据反馈信息，对偏差部分及时采取有效措施；对目标无法实现的应重新确定目标，拟定可行方案，并进行评估、选择和实施。

5.忌急功近利

　　急功近利，顾名思义就是对一时的得失看得过重，所有思路和工作都围绕着一个近期的目标，为了眼前的利益而忽略或者是放弃了长久的利益。尤其是小微企业经理人，因为初涉世事，很容易走急功近利的路。

　　出现急功近利的思想和行为主要有以下几个方面所促成。

　　急于证明自己的能力。有些是空降到一个公司的，初来乍到，为了证明自己的能力给老板和手下人看，就必须在短时间内拿出像样的成绩。急功近利的做法也就自然出现了。

　　显示自己的魄力。作为一位公司的高层领导，魄力是很重要的。一件事情决定了马上就干，裁掉"不听话"的下属，换掉"不安分"的代理商，就是其认为的魄力的证明，殊不知，这也是急功近利的表现。

　　老板过于高的要求和期望。老板把你提拔上来或者挖你过来，肯定是有他要求你要到达的目的。而这个期望可能会很急、很高，为了达到老板的要求，职业经理人不可避免地会做出急功近利的事情。所以，一个企业必须要在对市场的把握和对客观规律掌握的基础上，按照专心专注专家的路走，专心致志做一件事，做到渗透，做到细了。我们很多人这山望着那山高，什么事都做。

　　作为一个小微个人民营企业搞多元化不大可能，也不太会成功，我们自己很多专业很多东西，把它做精了做专业了以后，完全大有可为，因为国内的消费市场很大，消费能力也很大，潜在的市场更大，如果不把这个研究透，不掌握这个，我们是做不好的。

急功近利的危害是很大的，当一位经理人在各方面发现自己的所作所为并没有达到预期的目标后，有可能会对自己产生怀疑，改之前的雷厉风行为瞻前顾后，犹豫不决。什么事情都要思索再思索，考虑再考虑，调研再调研。而这样做的后果却是，机会就在你的考虑当中溜走了。比如，夏季你要推出几款新品空调，但为了保险起见，市场调研、产品功能、外观设计，你总是觉得不满意，要求市场部、设计室、工厂不停地完善和修改，而在你终于满意的时候，秋天已经悄然而至。

我们来看这样一个案例：一位营销总经理，在销售一线摸爬滚打数年，终于修成正果，成为一知名品牌的营销总经理，全面负责公司的国内销售工作和品牌建设工作。老板也十分信任他，给了他足够的人事权和财权，但在他经营销售的这几年中，却效果平平，公司整体销售与几年前相比，并没有大的提升，其经营能力受到了质疑，最终黯然离去。

纵观他这几年在领导岗位上的种种举措，只能用"杂乱无章"4个字来形容：公司指导方针一年数变；区域营销人员数月一换；代理商队伍几年间换了一茬；总部人员也不稳定，今天来明天走。是什么原因促使他犯下如此多的错误呢？笔者认为，这主要是因为他太急功近利了，而忽略了做销售工作是需要稳定和坚持的道理。

如何避免急功近利？我们谈以下4点。

以企稳为第一要务。你可以更换其中不适合工作岗位的员工，但是不能搞得人心惶惶。与他们加强沟通，有一个相对稳定的内部环境，你才能专心地去进行你的工作，而不用担心从背后射来的暗箭。

信任下属，给他们一定的授权。一个人就是浑身是铁，能打几根钉？一个篱笆三个桩，一个好汉三个帮。有能力、有责任心的下属是你成功的保证，他们的能力和责任从何而来？就是你的授权。当你把部分权力下放之后，你也就能从烦冗的杂事中解脱出来，而专心考虑公司应该如何发展，市场如何运作等大方向，有决定意义的问题。另外，要注重发挥众人的智慧。尺有所短，寸有所长，众人拾柴才能火焰高，同事们的意见很有可能就是你所没有考虑到的地方。改变个人单打独斗的习惯，团队作战才能决定战斗的胜负。

坚持是最重要的。制定好公司的长远计划，就要坚持执行下去。然后根据这个长远目标来制定短期目标，避免随时的变更。当然，根据市场情况临时做一些小的调整是有必要的。

减少不必要的犹豫和论证。时机不等人，万无一失的准备只是理论上可行，而实际上是不可能行得通的，因为市场信息瞬息万变，包治百病的万能药是没有的。只有在行动中根据实际情况进行调整，拿出你的魄力，相信你的能力，相信你的团队，你们会做得更好！

6.忌好大喜功

好大喜功是很多创业者在创业之初最容易患上的典型症状，尤其是刚刚从打工变身为创业的时候更是明显。有一种"翻身农奴把歌唱"的畅快与自豪。常见的具体表现为，先租一个很大的办公室、按自己的喜好进行豪华装修、办公设备全新购置、办公室哪怕只有五六个员工也摆上二三十个工位撑门面、连前台都配备两个前台小姐，等等。这样的环境果然让人赏心悦目，公司形象直接上升到了中级规格，但是盘算下来，房租、装修、办公家具、办公设备等花费不小，在公司还没有业务的时候，已经花去了很大一部分宝贵的本金。从而导致公司最初的本金预亏期本来可以支撑1年的，现在只能支撑半年，本来可以支撑半年的，现在只能支撑几个月。

其实，对很多在100万元以内小规模创业的微型公司来讲，一定要记着"生存第一"的真理，千万不要盲目先去追求办公环境的奢华。小公司破旧一点不丢人，相反还会给人形成"你是在认真创业"的诚意形象，所谓"艰苦创业"说的就是这个道理。如果没有在刚开始以业务为导向来配置资本倾斜方向，则公司形象越豪华就死得越快，因为别人可以在一个相对破旧的办公环境中轻松支撑1年，而你在如此豪华的环境中只能支撑4个月，那么当在第6个月或者第10个月来了生意的时候，别人虽然落破但依然存在，这时候就可以从容去接单，而你自己虽然奢华但此时却早已灰飞烟灭。

我们看一个真实的案例：1998年，成都开糖酒春季交易会，陈实简单地印了一些产品介绍传单，带上几盒总经理的名片，就上了成都。没钱打广告，陈实就采取最土的方法——扫楼，在每个宾馆里面发传单。陈实雇了个女孩，还找了一帮成都的朋友帮忙，雇了车一家家酒店跑。就这样发了4天，最后一天到会场又发了一些，这时就有个酒厂说要见陈实。陈实一进去，酒厂厂长被吓了一跳，陈实二十八九岁，挂着总经理的名头，那厂长有点信不过，告诉陈实说我们现在不谈生意，再过一个月我要再来成都，你也来，我们再谈这个事。一个月后，陈实还真又上了趟成都，接下了第一单，单很大，号称2000万只瓶盖。这极大地鼓励了陈实的信心。为了接这个单，陈实足足喝了一斤半白酒。

酒厂不光给了订单，也给了承诺，说好好干，配合好了，未来他们这里的订单都是陈实的，但有一点，淡季只能是50%的回款。这个承诺着实让陈实惊喜不已，但是同时也为他后来的困境埋下了深深的伏笔。

这之后近一年时间里，照着第一单的模式，陈实开始满世界地跑订单。订单跑回来了不少，而且都是大单，陈实也在心里计划着要大干一番。但好日子过了没多久，问题就接踵而至：临近春节，白酒的销售旺季一到，陈实的厂子就忙得不可开交，订单完不成，开罪了不少客户，也丢掉了不少客户，还为后来一些客户赖账留下了把柄；销售形势一好，厂子就没日没夜地加班干，结果产品质量又出了问题，赔了钱不说，更重要的是又失去了好几家重信用的老客户；而且由于生产单一，淡季一到，酒瓶盖没人要，只好处于半停产状态；更为重要的是，由于白酒行业竞争激烈，洗牌相当快，与陈实合作的几家酒厂，上年还红红火火的一个牌子，年一过就死了，一个旺季销售是冲上去了，可就是结不了款，活钱都变成了死钱，全到账上去了。就这样，陈实的厂子陷入了困境，款回不来，现金流越来越少，资金周转越来越紧张。到1999年8月，资金链一断，工人的工资也发不出了。最后，工人一闹，合伙人也都没了信心，厂子也走到了尽头。

想成为一名成功的企业家，就必须做好自身修养。

第一是感恩。我们在培训的过程中，经常训练员工要感恩老板，感恩平台，感恩企业；但是换个角度，企业家要经常保持感恩员工的心态，才能谦恭；而只有谦恭才能更赢得员工的爱戴，企业家的梦想是建立在员工梦想基础之上的；是员工成就了自己，成就了自己的梦想，成就了自己的理想人生。

　　第二是宽容。俗话说"宰相肚里能撑船"；宽容是企业家长寿的秘诀，也是自省的前提。我们要宽容对手，宽容员工，让我们更清醒地认识到缺陷；宽容员工，让员工找回自信与承担的勇气。一个服务员打碎了6个盘子之后，第7个盘子才能洗好；那前6个盘子就是会洗盘子的成本。我们要宽容这付出的成本。

　　第三是"教练"。这里是动词，也就是说企业家要学会指导员工，善于沟通、引导员工做人、做事。企业文化是什么？企业文化不是抄出来的，贴出来的，企业文化最终是做出来的。这就需要企业家的"教练"。这个"教练"需要口头与行动的双重指导。

　　最后就是"持续学习"。学习让企业家的思维开阔，用最短的时间汲取最多人的经验。一个企业家非常忌讳只靠自己的经验去经营自己的企业，因为这多少会有偏差。错误的模式，错误的思想和策略不仅会让自己、企业走得很坎坷，也会让员工不稳定，耽误他人与自己的青春与精力，为害不小。

六 融资篇

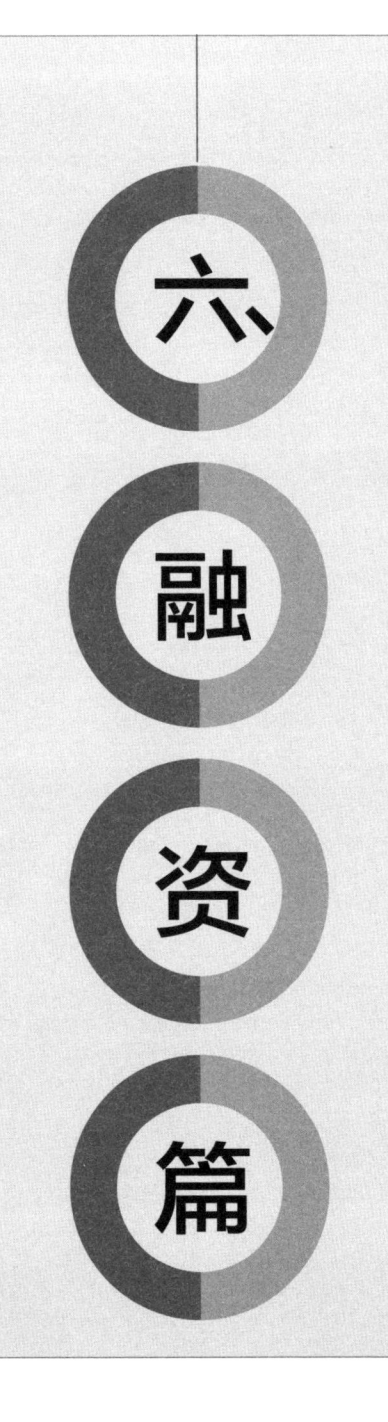

1.忌高息融资

想创办一个企业,除了有市场需要的产品或者是提供市场需要的专门服务,还要有一些企业成立的必备要素。其中包括:员工、固定办公场所,办公设备等,当然,最重要的就是有一定的资金作为流动资金。资金是一个企业的生存命脉,只要资金充足,就能实现企业所有必备要素的前提。对于小微企业,扩大再生产最需要的也是资金。

小微企业筹集开办公司所需要的资金主要有两个途径,一个是金融市场,具体有股票市场、债券市场;另外一个是金融中介机构,如银行等。企业从金融市场筹集资金,称之为直接融资,在金融中介机构融资,称之为间接融资。在中国,由于股票市场和债券市场并不发达,因此,银行业是大多数企业融资的场所。既然要融资,就要付出成本,因此企业总是选择那些融资成本低的途径来融资。

一般小微企业选择通过银行借贷融资,来盘活企业流动资金,因为比较便捷,申请信贷可由借贷双方直接协商而定,手续相对简便得多。通过银行信贷融资要比通过发行债券融资所需的时间更短,可以较迅速地获得所需的资金。小微企业也经常选择直接融资方式,吸收社会闲散资金。近几年来,随着我国市场经济的不断发展,小微企业快速增长,涉及私营企业主的借贷融资纠纷也正逐年增多,这些纠纷大都是因高息融资惹的祸。

有这样一个真实案例:某人任该公司会计一职。公司老总以挖土方工程为由,需要筹集启动资金,老总提出可以高息融资,要求会计向他介绍几个有钱的朋友,后经会计介绍,她的几位朋友将自己手中的部分闲置资金交给老总,老总也同意支付每月两分五的利息,当时老总与每人都签订欠条,欠条内容均书写了当时的本金,老总承诺利息每个月按时返还。

此后每个月她的朋友都按时获得利息,公司按时将利息汇入他们的账户。但是一年后,老总便再没有按时向他们返还利息,并以工程开工以后可以分少许工程项目给会计为由,让会计出面稳住这几位朋友,告知他们目前公司没有多余资金,等工程开工后连本带息一次偿还。此后,公司每有小额工程款进账均被老总以各种理由转到他私人的银行卡中。

一年后，老总所承诺的工程仍未有任何开工迹象，会计多次打电话询问工程进度，老总都以马上签合同、正在商洽等借口搪塞过去。迄今为止，共拖欠资金本息合计约180万元，而老总已避而不见。

通过这个案例，我们可看出，融资人由于经营商的不顺，对自己所从事的经营项目有较高的预期设想，其投入资金的回报远远高于借贷的高利息，随着市场行情的变化和竞争的加剧，高息借贷的负担加重，导致私营企业无力偿还，最终让出借者血本无归。这种现象已经成为高息融资纠纷中的常见现象。

由于私营企业除了借贷融资外，很少有机会上市或得到风险投资基金。金融机构贷款设置了较高的门槛和复杂的手续，往往无法满足私营企业主的投资需求，私营企业主会选择通过高息民间借贷进行融资。此方式虽然便捷，但也让企业背负上了沉重的高息负担。另一方面，由于出借者的防范意识差，没有风险观念，未要求融资人提供担保或抵押，给自己造成不必要的损失，纠纷就在所难免。

那么，小微企业如何避免高息融资，并且能解决"贷款难、融资难"的问题呢？目前许多银行纷纷出台各种措施方便企业融资，我们可以借鉴参考下。

小微企业经营循环贷款。有适合抵押或担保的小微企业均可向银行申请办理。这种贷款由银行和借款人一次性签订借款合同，在合同规定的期限和最高额度内，可以随时借款，随时还款，并可循环使用。这种贷款手续简便，借款时只填写借据，以后便不再逐笔签订借款合同。目前，建行、光大银行等都有类似贷款产品。

配对组合联保贷款。这是近来部分股份制银行推出的一项新贷款品种，这种贷款是借款人通过缴纳一定保证金的方式组成互助的联合担保小组，相互提供贷款保证担保，银行以此发放一定额度的贷款。这种贷款不需要其他的抵押和担保，更多地依靠企业之间的互相监督和约束。上海银行、上海农业银行等城商行已推出此类贷款。

动产抵押贷款。招商、民生、广发等股份制银行以及部分国有商业银行陆续推出该项业务。动产抵押贷款是指借款人以其自有或第三人所有的商品、原材料、车辆及设备等动产向银行抵押，也可用国债、存单、银票等进行质押,并从银行获得资金的一种融资方式。办理动产抵押贷款的手续非常简单,只要将银行认可的物品进行抵押,就可以轻松获取一定额度的贷款。这种贷款抵押模式适合缺乏普通抵押资源、具有短期借款用途的小微企业。

信托融资。相对银行贷款而言,房地产信托计划的融资具有降低房地产开发公司整体融资成本、募集资金灵活方便,以及资金利率可灵活调整等优势。由于信托制度的特殊性、灵活性以及独特的财产隔离功能与权益重构功能,可以用财产权模式、收益权模式以及优先购买权等模式进行金融创新,使其成为最佳融资方式之一。

应收账款融资。即以应收账款为工具为企业融通资金。企业利用应收账款作为担保,向银行或其他金融机构取得贷款,或者将其出售以取得所需资金。应收账款融资方式分为应收账款保理、应收账款质押和应收账款证券化。这三种融资方式虽然都利用企业应收账款进行融资,但对企业应收账款范围、融资方式针对企业类型和应收账款具体开展状况而言,又存在着很多不同点,在企业融资选择过程中各有利弊。

权益融资。指向其他投资者出售公司的所有权,即用所有者的权益来交换资金。这将涉及公司的合伙人、所有者和投资者之间分派公司的经营和管理责任。权益融资可以让企业创办人不必用现金回报其他投资者,而是与他们分享企业利润并承担管理责任,投资者以红利形式分得企业利润。权益资本的主要渠道有自有资本、朋友和亲人或风险投资公司。为了改善经营或进行扩张,特许人可以利用多种权益融资方式获得所需的资本。

很多小企业在办理结算时会收到生意合作方开出的商业汇票,其中的银行承兑汇票及商业承兑汇票需要一定时间才能兑付,这时许多小微企业往往只能坐等兑付日期到达。其实,承兑汇票可以到银行办理票据贴现业务,是短期融资的重要资源。这种业务是收款人或持票人将未到期的银行承兑汇票或商业承兑汇票向银行申请贴现,银行便会按票面金额扣除贴现利息后将款项立即支付给收款人。

最后,我还要提醒一下企业主,正确评估项目,谨慎对待投资风险,是防止投资失败的有力保障。不少私营企业主仍在盲目扩大产能或上马新项目，在宏观调控或市场行情发生变化的情况下，其投入的资金很容易被套牢，企业会出现严重亏损。私营企业主在作出再投资的决策时，应对其所投资的项目作出科学论证，正确评估项目的远期市场行情，减少投资失败的概率。

2.忌融资饥不择食

很多小微企业者大部分是白手起家的，这类企业者自身资源有限，当自身的财力不能支撑创业的野心时，寻找融资和整合资源就成了通往成功的捷径。这种情形促使下，没有经验的企业者很容易犯的错误就是为了融资而融资，为了资源而寻找资源，谁愿意出资、给资源都敢接纳，饥不择食。这样的做法便如同是饮鸩止渴。虽然需求极其迫切，但是天下掉馅饼的事情还要三思而后行，世上没有免费的午餐，轻松得到的必定N倍代价偿还。

我这里讲一个老板的真实遭遇。2006年8月，张某想成立一家合资公司，开发房地产，但苦于没有外商投资。后来，通过一个老乡，他认识了两位"香港老板"，对方表示愿意注资50万美元，而张某只需出资人民币450万元。香港老板表示他们的资金要经过香港打进来，需要张某先在香港开立银行账户，并注册一家公司。为了外资，张某一切照办。

同年8月，张某和老乡就到香港开了户，并往户头存进了450万元人民币。当晚，两位"香港老板"见到张某后，就提出要验资。张某求资心切，于是在自动柜员（ATM）机上操作，让"香港老板"验看账户中的资金。随后，几人去喝茶，其中一位"香港老板"以要往卡里注资为由，要走了张某的银行卡。可第二天，那两位"香港老板"就消失了，张某赶到银行一查，卡内450万元存款已经不在。所谓的"香港老板"不过是两个骗子假冒的，他们借验资的机会窥探了张某的信用卡密码，此后又骗取了信用卡，而后提走了卡中的存款。

通过这个故事我们可以看出，如果张某不是心急，静下心来仔细想一想，是绝对不会上当的。只是他在眼下银根紧缩、融资困难的情况下仓促做了决定，以致上当受骗。所以，身为企业者，在寻求合作和融资的过程中，首先一定要先查清楚合作方的底细，其次一定要保护好自己的信用卡账户等信息，不能轻易透露。不要因为急于融资而慌忙做出错误判断。

创业的过程是磨炼心志的过程，仅有热情是不够的，资金是创业的基本条件，如何有效筹措资金，利用资金呢？在这里我们就来学习一些寻找资金的方法吧。

（1）抓住政府提供的政策性扶持资金。作为调节产业导向的有效手段，各地政府每年都会拿出一定数目的扶持基金，所以我们可以借助这样的机会来进行创业。某教授是某大学的计算机专业的老师，他十分希望办个软件公司，发挥自己另一方面的才能。怎耐教师工资微薄，仅够糊口而已，没有资金搞创业。她得到了一条十分有价值的信息：本市为扶持高科技企业的发展壮大，将创办高科技企业孵化基地，对通过资格审查的企业将提供免3年租费的办公场所，并给予一定的创业扶持资金。该教授立即带领几个成绩优秀的学生创办了一家软件开发公司，不花1分钱就获得了100多平方米的办公场所，而且还得到了10万元的扶持基金作为创业资金。

（2）低代价转来亏损企业向银行抵押贷款。有不少人就是通过这种以小搏大的方式发家的。当然，这种求资的方法风险比较大，但是如果你有足够的胆识，那么这种融资的办法将能帮助你在更短的时间里更快地走向成功。徐某做了几年内衣销售，有了固定的客源和销售渠道后，她打算办一个内衣成品加工厂，创建自己的品牌。她计算了下，大约需要60万元的设备和资金周转，而且需要一个200多平方米的厂房。她在朋友的介绍下，相中了一家负债累累濒临倒闭的纸箱加工厂。并以"零转让"的形式接手了这家工厂，也就是以资债相抵的办法，将工厂所有的动产不动产以及工厂的债务全部一齐转让给了徐某。厂房的问题是解决了，但是60万元的投资从哪里来呢？她一个搞金融方面工作的朋友给她出主意，纸箱厂的厂房就是现成的抵押物。就这样，徐某不花1分钱，就解决了资金和厂房的问题，当然，她因此也背上了较重的债务，这就要靠她通过今后努力慢慢地偿还了。

（3）关注银行免担保创业信贷。现在很多银行为了拓展信贷业务，充分考虑了创业者寻找担保的实际困难，纷纷主动寻找担保方，为有意创业的人提供免担保贷款。这种信贷业务种类繁多、手续简便，但是一般都有较强的时效性，而且不同的银行可提供的贷款额度也不尽相同，创业者可到各大银行进行咨询。李某大学毕业后回到老家上海后，一直没找到称心的工作，看到有一家快餐加盟店生意非常好，就想在自家居住的小区也开一个，但是一打听，加盟店投资起码得六七万元，只好作罢。后来，他得知上海浦东发展银行与联华便利签约，推出了面向创业者的"投资7万元，做个小老板"的特许免担保贷款业务，浦发银行可向每位通过资格审查的申请者提供7万元的创业贷款。李某获悉后立即递交了申请，两个月后，他顺利地从浦发银行领到了贷款，在自家小区如愿开起了快餐加盟店。

（4）在新闻媒体和朋友圈中找机会。创业者应多留意报纸杂志媒体，在各种报纸杂志、网络媒体中，会出现大量投资者寻找项目的信息，一个合格的商业人士要学会习惯阅读广告。从最不起眼的地方找到自己的机会。应经常参加各种相应的聚会，参加各种创业性、投资性的聚会是一个认识投资人的不错渠道，因为这样的聚会很多找项目的投资人也愿意参加，需要指出的是，参加这样的聚会必须经常性、持续性，不要指望参加一两次就可以找到合适的投资人。俗话说，多个朋友多条路，朋友越多，意味着你的人脉圈子就越大，认识投资人的机会也就越大，投资人要看你本身所在的交际圈子，很多海归创业者就是通过留学时期获得的投资人关系回来创业的。

（5）寻求风险投资。你可以去那些你认为有眼光又有很大希望会欣赏你的大人物出入的地方截住他，给他塞你的计划书。还可以去参加各种创业计划大赛，这种地方有些小风投会来关注的。最后，如果你觉得你的赚钱方法实在是太先进，你对它信心十足，那么，完全可以理直气壮地去敲开任何一个财主的办公室，因为你送去的是一个明摆着的赚钱的大好机会。

综上所述，身为创业者，要理智认识到融资过程是一个循序渐进的过程，不能一蹴而就，也切忌盲目"有奶便是娘"，这些都是创业融资的大忌。

3.忌融资渠道单一

　　任何一个小微企业的创建，都存在融资成本。融资成本是指企业取得和占有资金的代价，包括筹资费用和用资费用，前者是指企业在资金筹集过程中发生的各种费用，后者是指企业因使用资金而向资金提供者支付的报酬。融资成本需要融资渠道来完成，目前国内创业者的小微企业融资渠道较为单一，主要依靠银行等金融机构来实现，因此，小微企业融资要多管齐下，这样才能多多益善。

　　由于小微企业融资渠道的狭窄、单一和融资结构的不合理，使小微企业融资只能借助于银行和内源融资，在融资时无法根据自己的经营特点选择适合自己资金需求的融资方式；并且由于在向银行借款过程中的手续问题，使借款过程时间过长，而且部分企业还要面临高额的招待费用，因此在资金供给与资金需求间的融资的结构性失衡，决定了小微企业融资的成本高。

　　一方面由于资本市场门槛较高，大多数小微企业不具备直接融资条件，很难从资本市场获取资金支持。传统的银行贷款往往需要附加抵质押担保条件，因此，自筹资金仍然是大多数小微企业融资的首选。调查显示，87%的被调查的小微企业仍处于创业初期，融资主要来源集中在自有资金、民间借贷或向亲友借款等。对于一些初具规模的小微企业，主要是通过银行贷款、网贷等渠道获取资金。由于渠道单一，银行又出于风险防范考虑，一些信贷主要针对经营前景比较好、资产规模比较大的部分小微企业，而这部分小微企业只要银行有些风吹草动，资金链就存在断裂的风险。

　　有这样一个实例：文轩是一家注册资金100万元的小型民营电器加工企业的负责人，他的企业有25名工人。对于文轩来说，银行提出的30%年利率的借贷成本，就是个天文数字。他企业现在毛利也就只有30%左右，如果有100万元订单的话，其中要押到70万元，要押4个月时间，也就是说文轩企业一年资金周转率只能达到三四次，资金周转率少，资金成本就会增高，利润就会下降，销售额就不可能去提高。文轩目前所接触的行业上下游都处于资金相对比较紧张的阶段，原本只有30

天左右的账期、现在由于客户资金紧张被迫延长到了60天，相应的他们也不得不延长给物料供应商的付款周期。受此影响，企业的盈利能力已经出现下降。

目前，很多小微企业都面临着和文轩一样的问题，由于小微企业固定资产不多，很难从正常的质押借贷渠道获得银行的贷款，即便是能贷款，较高的借贷成本、也让这些体量和盈利程度都十分有限的小微型企业望而却步，甚至有不少企业打算收缩规模。原因只有一个，就是这样承受下去赚的钱还不够付人家利息。所以说，融资渠道单一制约了小微企业的发展。

中国企业家调查系统近期发布的调查报告显示，面对"企业过去3年已实施的重大融资方式"这一问题，73.5%的企业选择了"长期银行贷款"，55.3%选择了"民间借贷"，14.9%选择了"银团贷款"，10.5%选择了"引入私募股权、风险投资"。多数企业还是很难通过这一直接融资途径来获得资金。

所以，小微企业融资具有其自身的特点，必须以创新的思维探索多元化的融资方式，优化金融资源配置，有效解决制约小微企业发展的资金难题。小微企业面临融资难的问题，特别是对于小企业来说，是无法根本解决的。从产业发展的过程来说，它是一个金字塔型的结构，大部分企业都是属于金字塔底部的初创型的小企业，不可能所有的这些小企业最后都发展成为成熟企业。所以需要竞争，找到一个平衡点。小微企业无论选取哪个融资渠道：科技银行、知识产权抵押贷款、风险投资等。不同的途径都要满足投资领域中的一个硬标准，就是风险和回报的平衡。

目前市场中比较成熟的融资渠道之一是融资租赁。融资租赁又称设备租赁，或现代租赁，是指出租人根据承租人对供货人和租赁标的物的选择，由出租人向供货人购买租赁标的物，然后租给承租人使用。融资租赁的优势在于借贷门槛较低，还款期一般在3—5年，相对还款压力较小。相对租赁者的风险也是比较小的，因为你的设备还在用，你的价值还是每天在创造，你用你创造的价值来还融资租赁的贷款应该说双方都是有利的。

另一种国际比较流行的做法是，企业寻求私募股权投资融资，这一做法的好处是企业可以在短时间获得大批资金。由于是股权转让，出资方不会收取利息，只是分享企业发展带来的利润。但是由于是风险投资，出资方一般对企业的发展前景、财务状况等要求较高。

对于多元化的融资渠道的建设，我们也可以思考一下信用卡的这种个人的融资方法。信用卡在国外一般都比较成熟了，在整个过程中也不会像印刷货币这样增加一些通货膨胀，但是它却增加了货币的流动性，而我们想创造这种多元化的融资体系也恰恰是为了符合这一个想法，就是为了争取让资本市场的流动性更强一些。而且在信用卡公司这个过程当中一般都会依赖一个比较好的信用记录的系统，它就是衡量个人授信风险的标准。

民间借贷作为一条新的中小企业融资渠道，其对企业的资信要求较低，手续简单，还钱借钱灵活，是一条不错的融资方案。典当行在目前焕发出了新的生机，企业者将个人财产抵押到典当行，从典当行获取企业发展必需的资金，等到企业走向正常的轨道，再将多余资金赎回自己的资产，这种小微企业融资渠道对处在资金危机中的企业来讲未尝不是一种福音。

减少成本也是一种变相的融资，融资租赁作为新型的小微企业融资渠道备受创业者的青睐，它是一种集信贷、贸易、租赁于一体，以租赁物件的所有权与使用权相分离的融资方式，出租人对承租人提供资金购买设备，承租人通过与出租人签订金融租赁合同，以支付租金为代价，获得设备的长期使用权。传统的小微企业融资渠道对企业信用要求较高，成本相对较低。新型的小微企业融资渠道对企业要求不高，投资者担负着较大的风险，因此对资金的回报率要求比较高。

综上所述，企业者要根据自己的实际情况合理地选取不同的融资方式，切忌一条道跑到黑，在一棵树上吊死。

4.忌融资股权分配不均

很多初创企业因为融资股权分配不均，最后不欢而散。这种情况通常发生在联合创始人之间，情形无非是：一位创始人为这家初创企业服务的时间超过另一位，因而认为有权获得更大比例所有权，因此而产生分歧。在一个创业公司，经常出错的问题就是创始人之间对"谁更努力工作"，谁因此而拥有更多的股份，等等。能让创始人一心一意集中精力来做事，最重要的一点就是让他们发自内心地感觉到股权的分配合理与公平。因此，在创业之初，双方要在彼此信任的基础上开诚布公地说出自己的想法，达成共识后，开始设置股权结构。

对投资人来说，一般在创业公司股权分配上，平均分配是很忌讳的事情，尽量避免股权结构平均化。一般建议团队最大股东保持绝对控股权，这里面一定有"国王"统治的中央集权的管理结构才能避免出现内讧。企业股权分配的一般基本原则是：利益结构要合理，贡献要正相关。该拿大股的应该拿最大的股份，不该拿股份的人就不应该有股份。

公司创建初期应避免股权细化，看过电影《中国合伙人》吧，从创业初期主人公们就刻意给自己画圈，分区域。做技术的，做市场的，做运营的，其实这就埋下了隐患，对于刚成立的小微公司我们应该是抱团的。尤其公司刚刚起步我们需要的是相互帮助，特别是市场是大家的，没有客户，没有订单。运营的需要跑市场，技术的也需要跑市场，而不是单单一人市场，一人技术……这样各自在各自的区域有绝对的权利和把控则很容易失控。

创业者给企业规划股份，最基本的路数就是设立不同的"资历层"，也就是让金字塔尖的最高层级员工承受最大的风险，最低层员工承担最少的风险，每个层面的员工分的这个层级的股份，这个规则的亮点就是让越早加入到企业的员工获得的股份越多。我们用数据说明下就是，创始人应该拿整个公司大约50%的股份，首层以下的员工每一层最终都分别拿到大约10%的公司股份，每一层的员工都将平分这10%的股份。

例如：有两个创始人初创企业，每人拿2500份股份。公司总市值按5000股算，所以每个创始人拿一半。第一年，他们聘用了4名员工。这4名员工每人拿250份股份。公司总市值按6000股算。第二年，他们又聘用了一批20名员工。这些员工每人拿50份股份。他们获得更少股份因为他们要承受的风险更少。因为公司给每一批员工派发的股份是1000股，所以他们每人拿到50股。直到公司员工有了6批，已给出10000股。每个创始人最终持有公司25%的股份。每个员工"层级"持有 10% 的股份。所有员工当中，最早进入公司的员工，因为他们与迟来的相比要承担的风险最大，在所有员工中持有最多股份。

使用"层级"的一个稍微不同的方式是"资历"。你的顶部层级是公司创始人，再下一层，你需要预留一整层给将来招聘并坚持需要 10% 股份的首席执行官（CEO）；再下一层是给那些早期进来的员工以及顶级经理人等。无论你如何组织你的层级，它们应该是设计清晰明了，容易理解，不容易产生纷争。

建立了一个公平的股份系统，接下来最重要的原则就是实行"股份绑定"。

股份绑定期最好是 4—5 年。任何人都必须在公司做够起码 1 年才可持有股份，包括创始人。好的股份绑定计划一般是头一年给 25%，然后接下来每个月落实 2%。否则，你的合作创始人将加入公司 3 个星期后跑掉，然后 7 年后又出现，并声称他拥有公司的 25% 的股份。没有"股份绑定"条款，你派股份给任何人都是不靠谱的！没有执行"股份绑定"后果非常严重。有些公司的 3 个创始人没日没夜地工作了 5 年，然后发现有些人加入后两个星期就离开，这些人还以为他仍然拥有公司 25% 的股份，就因为他工作过的那两个星期。

作为创业企业，如果创始人离开创业团队就涉及股权的退出机制。如果不设定退出机制，允许中途退出的合伙人带走股权，对退出合伙人的公平，但却是对其他长期参与创业的合伙人最大的不公平，对其他合伙人也没有安全感。对于退出的合伙人，一方面，可以全部或部分收回股权；另一方面，必须承认合伙人的历史贡献，按照一定溢价或折价回购股权。照其持股比例可参与分配公司净资产或净利润的一定溢价，也可以按照公司最近一轮融资估值的一定折扣价回购。有些退出价格是当时投入的本金，加合理利息回报。

一些公司出现拥有股权的合伙人在出现了违背创业企业利益的行为，比如泄密或者携带知识产权另立门户等，为了保护创业企业其他合伙人的利益，最好在协议中约定这些对股权的限制条款。还可制定股权实现的考核标准，不达到考核标准不拥有股权。

有人会问，创业之后，企业又融资了股份如何分割？答案很简单，就是新的投资将"稀释"所有人的股份。还是以上面的例子来解答,有两个创始人,给每人2500股股份,所以他们每人拥有公司的50%股份,新来的投资方提出给他们100万元换取1/3的公司股份。公司1/3的股份等于2500股。所以,等于给新投资方2500股,也就是新投资方持有1/3公司股份,而之前两个创始人各持1/3股。就这么多。在这个过程中,就涉及了控制权的问题。如果投资方占股超过公司创始人,团队就会丧失对公司的控制权和话语权。

所以,我建议创始团队的核心创始人能够拿到51%或66%的股权,以保证在多轮融资稀释后仍能保留最大股权。如果投资人确实过于分散,可以借鉴刘强东在京东所使用的"一致行动人协议",可以保证股权较低的情况下投票权能掌握在创始团队手中。

那么,投资人、创始人和雇员分别应该拥有多少股份?

身为小微企业,这都要看市场情况来确定。如果投资人最终获得超过50%的公司股权,创始人将感觉自己不重要而且会丧失动力,所以好的投资人也不会拿超过50%的股权。如果公司能依赖自我积累来发展而不依靠外来投资,创始人和员工一起将拥有公司100%的股权。这样的安排将给未来投资人带来足够的压力,以平衡投资人与创始人、员工。

5.忌融资账目不清

小微企业融入资金,可以说是件很不容易的事情,投入了大笔的资金,却弄不清楚资金的流向,更别提何时扩大规模和企业在税收享有什么优惠政策了。当前,有很多小微企业的创业者在财税方面都是门外汉,对公司财务管理意识薄弱,缺乏经验,以致账目不清,使企业经营常常走弯路。很多企业创业者认为,只要收入大过支出,赚钱就行,可当企业扩大经营范围时,却发现弄不清资金流向,也弄不清资金够不够投资。这些都是不懂财务而导致的恶果。

有这样一个实例,某商贸老板,利用银行贷款方式创办了一家从事礼品销售的电子商务公司,由于对财务管理一窍不通,一些费用花了也没有及时记账,也不懂如何将公司发生的每1分钱在账务上反映出来。经营一段时间后,他发现尽管感觉公司没有亏本,但总弄不清钱花到哪里去了，盈利也和自己的估算不太一致。

究其原因，问题出在增值税发票问题上，商贸公司主要是缴纳增值税，但随后公司又开设了会务、会展业务，本应开具营业税发票，却仍然开了增值税发票，且开票金额也超出了规定限额。这就导致废票，不仅退税时会非常麻烦，还险些多缴税。这种账目不清，会直接影响银行后期追加贷款等一系列问题，所以，企业者在账目上一定要清楚，来不得半点马虎。

还有一种现象，不懂财税制度也让小微企业主错失了不少政策扶持机会，降低了银行贷款的成功率。例如，一个软件开发公司的老板在企业刚起步时，并不知道营业税的起征点为2万元，有两次营业收入没达到2万元也报了税。这对一个小微企业来说压力是很大的，就此吃了"闷亏"。还有，银行放贷时，往往需要企业提供会计报表、现金流量表等，从而了解企业的资产负债情况。当时，该软件公司老板拿不出这些资料，跑了好几趟银行，却因银行担心资金风险，导致他迟迟拿不到贷款。类似情况，在微小企业可以说是屡见不鲜。

还有经常出现的，就是因融资产生纠纷的民间借贷案件。

有这样一个案件：关某经营的公司因资金缺乏急需融资，一个偶然的机会中认识了徐某，当时徐某在银行上班，徐某知道关某的难处后主动提出可以帮助关某融资，但利息很高。因关某急需资金，便答应了徐某的条件并先后从徐某处融资1000多万元。但后来东窗事发，原来徐某的资金是从银行中通过各种手段挪用出来的，徐某、关某都被以挪用公款罪判刑。由于两人在融资的时候是预先扣除利息的，而且两人间还有其他经济往来，并且两人在过付资金的时候是通过关某公司的会计李某过付的，所以账目比较混乱。两人后来割账时有16余万元的账对不起来，关某坚持说其没收到这16万元，徐某坚持说这16万元已经交付给了会计李某，李某后来不知所踪。由于账目不清导致了这么一桩糊涂账案件。

综上集中了融资账目不清的代表性事件，我们可以看出，由于微小企业组织架构不可能那么健全，聘请专业会计费用太高，让外人来做总有些不放心。即使家里人有懂会计的，也仅限于算账、记账等职能，对税收等政策制度不太了解，从而导致企业财务管理中缺乏内部控制。

大多数小微企业没有创业经历，有近八成的小微企业不了解财务、税务制度，导致账目不清、凭证混乱的问题。部分"个转微"的企业也因之前实行定税制，一时很难适应做账纳税的方式。少数聘请专职会计做账的企业虽然建立了账簿，却因聘请专人做账加大了创业之初的成本开销，加重了负担。很多小微企业者坦言自身存在信用不良记录，无法在银行顺利贷款，资产负债表、利润表和现金流量表反映的是企业的还款能力，但大多数小微企业的财报并不健全。

针对小微企业账目不规范、信用记录缺失等先天不足，有很多地方在工商部门指导下开设了小微企业代账业务，这期间发现很多小微企业资金容易出现闲置或不足的现象。部分企业要么认为保留的现金量越多越好，导致现金闲置过多，失去增值机会；或者过快进行投资，使资金流动性减弱，陷入财务困境。此外，大多小微企业不了解财税政策，收入不确定，一不小心就可能因税款延误而产生滞纳金。运输、建筑安装等部分行业无法自行开具发票，却不知需要提供哪些资料。

针对这些问题，为降低小微企业创业成本，规范企业运作，很多地方开启了免费代账代办制度，即管委会出钱，聘请两家代账公司，帮助小微企业管理财务。代账机构不仅帮助企业代账，办理小微企业审批手续等，还会帮企业进行"模拟式"财务培训，教会企业学会自己记账、了解公司经营情况等。同时，代账机构还负责给小微企业宣传各项优惠政策，代办税收补贴申报和财政补助资金报账申请。以前仅靠密集巡查难以掌握企业的资金流向，代账机构审查解决了这一难题。同时，代账机构实时跟踪监控，还能够保证补助资金不被用于搞空壳企业，防止创业者把补助资金挪作他用，这样保证了扶持微企资金的安全性。

一些企业的账目极不规范，甚至为了顺利从银行拿到贷款，可能会做假账，这种情况也难以避免。只有账目规范又相对有发展前景的小微企业才是各家银行争夺的焦点。

6.忌融资冲动盲目

小微企业经营者由于缺乏金融知识、工商信息封闭和急于成功心理等因素，面对融资问题不够理智，曾经为此付出了昂贵的代价。

近几年来，曾发生过无数起投资公司或投融资服务机构以"美国世界银行集团"或"美国纳斯达克"等驻国内办事处名号，打着为中小企业提供融资服务的幌子，用"提供巨额项目资金""先投资后上市""明投暗贷"等为诱饵进行融资诈骗活动，骗取境内企业预付大量考察费、评估费、服务费或保证金，然后销声匿迹，大肆进行诈骗活动，并且活动日益猖獗，手法日益隐蔽，应当引起警惕。

一般的融资骗局有这几种情况。

（1）融资骗子与企业联系业务时，在不了解企业情况的前提下要求到企业考察，且要求支付考察费。

（2）收取项目受理费，它是指融资骗子在收到企业的有关资料后要求融资企业缴纳的、对项目进行评估和项目预审发生的费用。尤其是号称有外资背景的投资顾问机构往往把收取项目受理费，作为一种项目控制程序和费用转嫁的方式。

（3）融资骗子一般都要求融资企业提供项目商业计划书。一般企业已经制作了商业计划书，但融资服务机构以各种理由不予认可，并作为项目往下进行的必要环节；要求必须提供所谓"国际标准格式"的商业计划书。

（4）在融资过程中，融资骗子会要求对资产或对项目进行评估。要求企业到指定的融资服务机构或评估机构进行评估。

（5）融资骗子要求融资企业必须严格按照自己预先设定的程序操作，否则不往下进行；资金方设置了严格的违约条款。

最后，律师费是最具有欺诈性的费用。现在骗子公司收取考察费、评估费、保证金比较困难。相对来说收取律师费比较容易。这律师费大部分要返给骗子公司的。

我们来看一个案例：某工厂为了进行一个项目，欲扩大生产规模而进行的企业扩张阶段融资。项目方表示已经接洽了两个投资方，第一个很有实力，但是操作了一半发现自己做不了，实在可惜。第二个投资方感觉不像真实的。

虽然第一个投资方已经放弃了，项目方还是觉得接洽和操作的过程没有问题，并且已经看过对方的资信证明了。但这其中还是可以窥见投资方的骗术技巧和疏漏。

尽管资信证明在某种程度上可以证明投资方有资金实力，但并不代表资金就是他的，很多是抽动款，即幕后有大额资金方提供验资资本，将大额资金注入该投资方银行账户后，银行可出具资金证明，投资方向项目方出示资金证明的同时，资金已经被返回资金主了，投资方的银行账户已经是空户。而这些出资的资金方也很容易找到，地下钱庄、香港某些带有黑社会色彩的财务公司都可以提供这样的资金。只要分取该投资方行骗收益即可，属于一种勾结。

这个项目方与该投资方操作的时候，花了13万元进行项目评估，又支付了4万元律师见证费，最后投资方表示可以投资，但是需要银行进行担保，如果项目做亏了，由银行进行风险金赔偿。项目方回所在地后与各银行联络，各银行均不提供此类担保，于是投资方放弃投资，项目方感到可惜而收场。

该投资方利用银行资信证明来博取项目方信任而套取项目评估费和律师见证费，又以银行担保为要求促使项目方无法操作而使投资方安全退出。项目方不仅缺少融资相关专业知识，连基本的银行系统业务知识都不熟悉，可见他也是仓促融资，盲目求成的心理带来的失败。

为了防范融资诈骗，请切记以下几点。

（1）是否站在企业的角度考虑问题；

（2）是否具有融资的经验和专业度；

（3）收费与其提供的服务价值是否一致，质量价格比如何；

（4）提供的服务是否符合企业的实际情况；

（5）签订合同是否存在合同条款陷阱；

（6）与资金方的关系是什么，位置是否独立；

（7）服务机构的背景及融资服务人员的品质如何；

（8）盈利模式不同，真正的服务机构以提供智力服务或者风险代理为目的。

另外，小微企业也要加强自我防范意识。

对投资公司或融资服务机构进行调查确认。谨慎接受朋友的建议不论是企业团队的关系人，还是其他人介绍资金方或融资机构，这都不是企业进入融资骗局的根本。解决问题的关键在于，融资企业应该从工作流程和选择标准上进行严格把关，提高防范意识和防范技术。

  不要有投机取巧的心理。提高判断力，企业对资金方及融资服务机构缺少判断力，是陷入融资骗局的重要原因之一。因此，企业在融资实践过程中不断地积累经验，主动地学习有关知识。

  请专业融资顾问全程跟踪服务企业可以选择具有职业操守、经验丰富、能够站在企业角度的融资服务机构做融资顾问，或者请律师参与，事先对机构的性质和真实性进行判断，在签署协议前谨慎抉择，防患未然。